CICÉRON

DE L'ORATEUR

LIVRE III

COLLECTION DES UNIVERSITÉS DE FRANCE
publiée sous le patronage de l'ASSOCIATION GUILLAUME BUDÉ

CICÉRON

DE L'ORATEUR

TOME III

LIVRE III

TEXTE ÉTABLI
PAR
HENRI BORNECQUE
TRADUIT
PAR
EDMOND COURBAUD ET HENRI BORNECQUE

Septième tirage

PARIS
LES BELLES LETTRES
2021

Conformément aux statuts de l'Association Guillaume Budé, ce volume a été soumis à l'approbation de la commission technique, qui a chargé M. Jules Martha d'en faire la révision et d'en surveiller la correction en collaboration avec M. Henri Bornecque. En effet, la mort ayant surpris M. Edmond Courbaud alors qu'il n'avait encore traduit que les §§ 1 à 162 du livre III, M. Henri Bornecque a bien voulu se charger de mettre la dernière main à cette traduction, de la terminer, de rédiger les notes, d'établir le texte et de composer les index.

95 boulevard Raspail, 75006 Paris
www.lesbelleslettres.com

Premier tirage 1930

ISBN : 978-2-251-01047-2
ISSN : 0184-7155

ARGUMENT ANALYTIQUE

DU TROISIÈME LIVRE

INTRODUCTION

Après une introduction générale : tristesse qu'inspirent à Cicéron les derniers moments de Crassus, le rival d'Antoine (1-16), et un préambule, indiquant le cadre et la scène (17-18), Crassus indique le sujet du livre (19-26). Mais, avant de l'aborder, il montre que l'éloquence est une ; il peut y avoir différents genres, tous admirables (25-37).

CORPS DE L'OUVRAGE : L'ÉLOCUTION

Premier précepte : parler correctement (37-47).

Deuxième précepte : parler clairement (48-51).

Troisième précepte : parler avec élégance et convenance. Courte digression sur les rapports entre l'éloquence et la vertu (52-55).

Digression de Crassus sur la nécessité de la culture philosophique pour l'orateur ; le développement contient lui-même une digression sur la philosophie postsocratique et ses conséquences pour l'art oratoire (56-95).

Retour au sujet : vue d'ensemble sur l'élégance de la forme (96-103).

Importance de l'amplification pour atteindre à l'élégance (104-108).

Les causes les plus favorables aux qualités de forme. Division des causes (109-119).

Nouvelle digression, introduite par Crassus, sur la nécessité pour l'orateur d'une instruction étendue (120-143) : importance des idées générales et de la culture philosophique, même pour ce qui est d'orner le discours (120-125) ; l'universalité du savoir était l'apanage des anciens orateurs (126-131) ; ils en ont été dépouillés, mais doivent revendiquer leur bien (132-143).

Après cette digression, transition pour revenir au sujet principal (144-147).

Grandes divisions des ornements du discours (148-149).

Les mots considérés isolément (149-170).

Les mots dans la phrase (171-212) :

a) leur arrangement (171-172) ;

b) le rythme (172-198) ;

c) figures de pensées et de mots (199-209) ;

d) l'appropriation au sujet (210-212).

L'action (213-227), et plus spécialement le ton (214-219), le geste (220), la physionomie (221-223), la voix (224-227).

CONCLUSION (228-229)

SIGLA

CODICES MUTILI

A = Abrincensis 238, saec. IX (*A*[1] §§ 1-17, 110-148, 171-230; *A*[2] §§ 149-171).

E = Erlangensis 848 (I), saec. X (§§ 1-17, 110-148, 171-230).

H = Harleianus 2736, saec. IX (§§ 1-17, 110-230).

CODICES INTEGRI

L = codex Laudensis, *quatenus ejus lectiones ex quorumdam codd. notis conici possunt.*

O = Ottobonianus 2057, saec. XV.

P = Palatinus 1469, saec. XV.

V = Vaticanus 2901. saec. XV.

Codd. dett. = Codices deteriores.

M. TVLLI CICERONIS

DE ORATORE

AD QUINTVM FRATREM LIBRI TRES

LIBER III

DE L'ORATEUR

LIVRE TROISIÈME

Introduction générale : Tristesse qu'inspirent à Cicéron les derniers moments de Crassus.

I. **1** Je me disposais (1), mon cher Quintus, à mettre par écrit, pour en faire l'objet de ce troisième livre, la conversation que Crassus, après l'exposé d'Antoine, avait eue avec ses amis, quand un souvenir bien amer est venu réveiller dans mon esprit des regrets et une douleur qui dataient de loin. Ce beau talent, digne d'être immortel, cette politesse charmante, cette perfection morale de L. Crassus, tout cela fut éteint par une mort subite, dix jours à peine (2) après celui dont ce livre et le précédent rapportent les entretiens.

2 Crassus, rentré à Rome le dernier jour des jeux scèniques (3), avait été vivement ému d'apprendre que Philippe (4) avait prononcé devant le peuple un discours où il déclarait sans méprise possible qu'il lui fallait songer à un autre conseil, car, avec un pareil sénat, il ne pouvait conduire les affaires publiques. Le matin des ides de septembre (5), Crassus, avec de très nombreux sénateurs, se rendit à la Curie, sur la convocation de Drusus (6). Là Drusus, après s'être plaint longuement de Philippe, soumit au Sénat le fait même que, devant le

(1) On voudra bien se reporter à la page 98 pour les notes que l'on ne trouvera pas au bas des pages.

M. TVLLI CICERONIS DE ORATORE

LIBER TERTIUS

I. **1** Instituenti mihi, Quinte frater, eum sermonem referre et mandare huic tertio libro, quem post Antoni disputationem Crassus habuisset, acerba sane recordatio ueterem animi curam molestiamque renouauit. Nam illud immortalitate dignum ingenium, illa humanitas, illa uirtus L. Crassi morte extincta subito est uix diebus decem post eum diem, qui hoc et superiore libro continetur.

2 Vt enim Romam rediit, extremo ludorum scaenicorum die, uehementer commotus oratione ea, quae ferebatur habita esse in contione a Philippo, quem dixisse constabat « uidendum sibi esse aliud consilium ; illo senatu se rem publicam gerere non posse», mane idibus Septembribus et ille et senatus frequens uocatu Drusi in curiam uenit. Ibi cum Drusus multa de Philippo questus esset, rettulit ad senatum de illo ipso, quod in eum ordinem consul tam grauiter in contione esset

1 uix *cet.*: uixit *V*² ‖ eum diem qui *VOP* : *bis AH* eum qui eum diem qui *E*.

2 ludorum scaenicorum *AEH* : s. l. *VOP* ‖ oratione ea *AEH* : ea o. *VOP* ‖ esse aliud *AEH* : a. e. *VOP* ‖ Septembribus *uulg.* : -bris *codd.* ‖ in eum ordinem *om.* *VO*¹*P* ‖ tam *LVOP* : tum *AEH*.

peuple, un consul avait attaqué cet ordre (1) avec une telle violence. 3 Alors Crassus — et là-dessus tous les hommes les plus compétents sont d'accord, je l'ai souvent constaté —, Crassus, toutes les fois qu'il avait préparé un discours avec quelque soin, avait presque toujours eu le bonheur de paraître n'avoir jamais mieux parlé, mais, cette fois, l'opinion unanime fut que si, jusque-là, il avait surpassé tous ces rivaux, en ce jour il s'était surpassé lui-même.

Il déplora, en effet, le malheur et l'abandon du Sénat ; car cet ordre voyait le consul, au lieu de remplir vis-vis de lui les devoirs d'un bon père ou d'un fidèle tuteur, le dépouiller, comme un infâme brigand, de son patrimoine d'honneur ; d'ailleurs l'on ne devait pas s'étonner que celui dont les conseils maudits avaient perdu la république, voulùt priver la république du conseil qu'était le Sénat. 4 Pour un homme violent, habile à parler, vigoureux surtout dans la riposte, tel que Philippe, les reproches de Crassus furent comme autant de tisons, pour ainsi dire, approchés d'un foyer. Incapable de se contenir, il s'embrasa d'une colère ardente et voulut, par une saisie (2) sur les biens de son adversaire, le réduire au silence. Ce fut alors, précisément, que Crassus, dit-on, trouva en abondance des paroles d'une inspiration divine, refusant, disait-il, de voir un consul dans celui qui ne voyait pas en lui un sénateur. « Eh quoi ! quand tu as regardé l'autorité du Sénat tout entier comme un gage saisissable, que tu l'as abattue (3) sous les yeux du peuple romain, tu penses m'effrayer par une saisie sur mes biens ? Non, ce se ne sont pas les biens de Crassus, si tu veux le réduire au silence, c'est sa langue

(1) L'ordre sénatorial.

(2) C'est-à-dire qu'il le fait condamner à une amende, dont le paiement est garanti par cette saisie.

(3) Je n'ai pas pu rendre le rapprochement *conciderìs — caedenda — incidenda.*

inuectus. **3** Hic, ut saepe inter homines sapientissimos constare uidi, quanquam hoc Crasso, quom aliquid accuratius dixisset, semper fere contigisset ut numquam dixisse melius putaretur, tamen omnium consensu sic esse tum iudicatum, ceteros a Crasso semper omnis, illo autem die etiam ipsum a se superatum.

Deplorauit enim casum atque orbitatem senatus, quoius ordinis a consule, qui quasi parens bonus aut tutor fidelis esse deberet, tamquam ab aliquo nefario praedone diriperetur patrimonium dignitatis ; neque uero esse mirandum, si, cum suis consiliis rem publicam profligasset, consilium senatus a re publica repudiaret. **4** Hic cum homini et uehementi et diserto et in primis forti ad resistendum Philippo quasi quasdam uerborum faces admouisset, non tulit ille et grauiter exarsit pigneribusque a*b*latis Crassum instituit coercere. Quo quidem in ipso loco multa a Crasso diuinitus dicta e*sse* ferebantur, cum sibi illum consulem esse negaret, cui senator ipse non esset. « An tu, cum omnem auctoritatem uniuersi ordinis pro pignore putaris eamque in conspectu populi Romani concideris, m*e* *h*is pignoribus existimas posse terreri ? Non tibi illa sunt caedenda, si L. Crassum uis coercere ; haec tibi est incidenda lingua,

3 Hic *VOP* : huc *AEH* || contigisset *VOP* : — sse *AEH* || esse *VOP* : esset *AEH* || se *AEH* : sese *VOP* || a re publica *VOP* : re p. *AEH secl. Heusinger.*

4 ablatis *vulg.* : all— *codd.* || in ipso *AE* : ipso in *VOP* ipso *H* || esse ferebantur *Lambin* : effer — *codd.* || pro pignore *AEH* : propugnare *LVOP* || putaris *AEH* : —res *VOP* || concideris *AEH* : —res *VOP* || me his *codd. det.* : me is *H*[3] meis *cet.* || pignoribus existimas posse *VOP* : existimas pignoribus *AEH* || L. *om. VOP* || incidenda *AEH* : exc— *VOP*.

qu'il te faut supprimer ; fût-elle même arrachée, par mon souffle encore ma liberté s'opposerait à ta tyrannie ».

II. 5 Il parla très longtemps alors avec véhémence, de toute la tension de son âme, de son génie, de ses forces physiques, et son ordre du jour, qui fut adopté par le sénat à une grande majorité, s'exprima dans les termes les plus brillants et les plus forts : « Pour satisfaire aux intérêts du peuple romain, jamais la sagesse du Sénat ni son dévouement n'avaient manqué à la république ». De plus, il signa le procès-verbal, comme on le voit dans le recueil des décisions sénatoriales. 6 Ce discours fut pour cet homme divin comme son chant du cygne. Et nous (1), comme si nous attendions encore sa parole, après sa mort nous venions au sénat contempler la place où il s'était levé la dernière fois, car, pendant son discours, il fut saisi, nous dit-on, d'une douleur de côté suivie d'une sueur abondante, qui provoquèrent des frissons violents ; rentré chez lui avec la fièvre, sept jours après, une pleurésie l'avait emporté.

7 O duperie des espérances humaines ! o fragilité de la fortune ! o vanité de nos efforts ! Au milieu de la carrière, souvent tout se brise et s'écroule, ou bien, au cours du voyage, notre navire est englouti avant d'avoir pu apercevoir le port. Tant que la vie de Crassus se dispersa entre les travaux qui devaient le conduire aux honneurs, il connut l'éclat que procurent les services rendus aux particuliers et la supériorité du talent, plus que les avantages d'une haute situation ou le prestige que donne la direction des affaires ; et la première année où, après avoir passé par toutes les charges (2), il allait, du consentement unanime, toucher au faîte de l'autorité, cette même année la mort vint renverser les espoirs

(1) Cicéron et son frère Quintus.
(2) Il avait été censeur l'année précédente.

qua uel euulsa spiritu ipso libidinem tuam libertas mea refutabit. » II. 5 Permulta tum uehementissima contentione animi, ingeni, uirium ab eo dicta esse constabat, sententiamque eam, quam senatus frequens secutus est, ornatissimis et grauissimis uerbis, ut populo Romano satis fieret, numquam senatus neque consilium rei publicae nec fidem defuisse, ab eo dictam, et eundem, id quod in auctoritatibus perscriptis extat, scribendo adfuisse.

6 Illa tamquam cycnea fuit diuini hominis uox et oratio, quam quasi expectantes post eius interitum ueniebamus in curiam, ut uestigium illud ipsum, in quo [ipse] postremum institisset, contueremur. Namque tum latus ei dicenti condoluisse sudoremque multum consecutum esse audiebamus ; ex quo cum cohorruisset, cum febri domum rediit dieque septimo est lateris dolore consumptus. 7 O fallacem hominum spem fragilemque fortunam et inanis nostras contentiones, quae medio *in* spatio saepe franguntur et corruunt aut ante in ipso cursu obruuntur, quam portum conspicere potuerunt. Nam quamdiu Crassi fuit ambitionis labore uita districta, tamdiu priuatis magis officiis et ingenii laude floruit quam fructu amplitudinis aut rei publicae dignitate. Qui autem annus ei primus ab honorum perfunctione aditum omnium con-

5 dictam *LO*[2] *:* dicta *AEH om. VO*[1]*P.*
6 in quo *cod. Monacensis, olim Victorius :* in quo ille *VOP* in quo ipse *AEH* || tum *VOP :* dum *AEH* || dicenti condoluisse *VOP :* doluisset *AEH* || septimo est *VOP :* septimo *AEH.*
7 medio in *vulg. :* mediocri *AEH* in medio *VOP* || districta *AEH :* des— *VOP* || fructu *VOP :* —tum *AEH.*

2

et les desseins de son existence entière. 8 Sa perte fut cruelle pour les siens, déplorable pour la patrie, douloureuse à tous les honnêtes gens, mais, dans la suite, si grands ont été les malheurs de la république que les dieux me paraissent non pas avoir arraché la vie à Crassus, mais lui avoir fait présent de la mort. Il n'a pas vu l'Italie embrasée par la guerre, ni le Sénat poursuivi par des haines ardentes, ni les premiers de la ville accusés d'un crime odieux (1) ; ni le deuil de sa fille, l'exil de son gendre, la fuite si lamentable de Marius, les massacres cruels entre tous qui marquèrent le retour de celui-ci ; il n'a pas vu enfin complètement défigurée cette cité qu'il avait connue si florissante et où lui-même avait de beaucoup surpassé tous ses rivaux.

III. 9 Et puisque ma pensée vient de rencontrer le pouvoir et les vicissitudes (2) de la fortune, en poursuivant, je n'irai pas chercher mes exemples bien loin et à l'aventure, et m'en tiendrai presque exclusivement aux hommes mêmes qui figurent dans l'entretien dont j'ai commencé le récit. Cette mort de L. Crassus, si souvent l'objet de tant de pleurs, qui donc n'aurait toute raison de la trouver heureuse, en se rappelant la fin de ceux-là mêmes qui eurent peut-être alors avec lui leur conversation dernière ? En effet, nous ne pouvons oublier que Q. Catulus, cet homme éminent à tous les titres, quand il suppliait non point qu'on lui laissât, intacte, sa situation, mais qu'on lui permît de fuir en exil, fut forcé (3) de se retrancher lui-même de la vie. 10 Et M. Antonius ? A ces Rostres mêmes, où, consul, il avait défendu la république d'une manière si ferme, et qu'il avait décorées,

(1) Ils avaient été accusés de complicité avec les alliés révoltés et condamnés à l'exil sans qu'ils pussent se défendre. Parmi eux figurait P. Scipion, gendre de Crassus.

(2) Je n'ai pu rendre l'allitération *uim-uarietatem*.

(3) Par l'ordre de Marius.

cessu ad summam auctoritatem dabat, is eius omnem spem atque omnia uitae consilia morte peruertit. **8** Fuit hoc luctuosum suis, acerbum patriae, graue bonis omnibus ; sed ii tamen rem publicam casus secuti sunt, ut mihi non erepta L. Crasso a dis immortalibus uita, sed donata mors esse uideatur. Non uidit flagrantem Italiam bello, non ardentem inuidia senatum, non sceleris nefarii principes ciuitatis reos, non luctum filiae, non exilium generi, non acerbissimam C. Mari fugam, non illam post reditum eius caedem omnium crudelissimam, non denique in omni genere deformatam eam ciuitatem, in qua ipse florentissima multum omnibus [gloria] praestitisset.

III. **9** Et quoniam attigi cogitatione uim uarietatemque fortunae, non uagabitur oratio mea longius atque eis fere ipsis definietur uiris, qui hoc sermone, quem referre suscepimus, continentur. Quis enim non iure beatam L. Crassi mortem illam, quae est a multis saepe defleta, dixerit, cum horum ipsorum sit, qui tum cum illo postremum fere collocuti sunt, euentum recordatus ? Tenemus enim memoria Q. Catulum, uirum omni laude praestantem, cum sibi non incolumem fortunam sed exilium et fugam deprecaretur, esse coactum ut uita se ipse priuaret. **10** Iam M. Antoni in eis ipsis Rostris, in quibus ille rem publicam constantissime consul defenderat quaeque censor imperatoriis manu-

7 annus ei *AEH :* ei a. *VOP.*

8 ii *VOP :* hi *cet.* || Italiam bello *AEH :* b. It. *VOP* || non ardentem *AEH :* ardentem *VOP* || praestitisset *AEH :* gloria p. *VOP.*

9 Et *AEH :* sed *VOP* || quae *cet.* : qua *AE* || tum cum *VOP :* tum *AEH* || Q. Catulum *om. AEH* || exilium *VOP:* exitum *AEH.*

censeur, avec sa part de général dans le butin de guerre (1), on vit attachée cette tête, par qui tant de têtes avaient été sauvées. Puis ce furent, près de la sienne, celles des deux frères, C. Julius, trahi par le crime d'un hôte d'Étrurie, et L. Julius. Eh bien ! celui qui n'a pas assisté à de telles horreurs, ne semble-t-il pas que, partageant le destin de la République, il ait vécu avec elle et soit mort avec elle ? Il n'a pas vu non plus son parent, P. Crassus, un homme d'une très grande énergie, se tuer de sa propre main, ni son collègue, Scaevola le grand pontife, arroser de son sang la statue de Vesta. Il aurait été (tant il respirait l'amour de la patrie) jusqu'à déplorer le meurtre de son plus grand ennemi, C. Carbo, massacré d'une façon impie dans cette même journée. **11** Il n'a pas vu davantage le sort affreux, lamentable, des jeunes gens qui s'étaient alors attachés à lui. Cotta, qu'il avait laissé florissant, fut, quelques jours après sa mort, repoussé du tribunal par la haine politique, et, peu de mois plus tard, chassé de Rome. Sulpicius, d'abord exposé au feu des mêmes passions haineuses, chercha ensuite, devenu tribun, à dépouiller de toutes dignités ceux dont il avait été, dans la condition privée, l'ami le plus intime, et, lui qui croissait pour la gloire de l'éloquence, eut ses jours tranchés par le fer, mais ce châtiment de sa folle audace n'alla pas sans un grand dommage pour la république.

12 Oui, Crassus, quand je considère l'éclat de ta vie et l'à-propos de ta mort, une providence divine me paraît bien avoir veillé sur ta gloire et sur ta fin. Car ta vertu et ta fermeté l'auraient fait tomber sous le glaive cruel de la guerre civile, ou, si quelque hasard t'avait sauvé d'un trépas atroce, c'eût été pour te rendre témoin des funérailles de la patrie, et non seulement la tyrannie des méchants, mais la victoire même des honnêtes gens,

(1) Pendant la guerre des pirates.

biis ornarat, positum caput illud fuit, a quo erant multorum [ciuium] capita seruata. Neque uero longe ab eo C. Iuli caput, hospitis Etrusci scelere proditum, cum L. Iuli fratris capite iacuit, ut ille, qui haec non uidit, et uixisse cum re publica pariter et cum illa simul extinctus esse uideatur. Neque enim propinquum suum, maximi animi uirum, P. Crassum suapte interfectum manu neque collegae sui pontificis maximi sanguine simulacrum Vestae respersum esse uidit ; quoi maerori, qua mente ille in patriam fuit, etiam C. Carbonis, inimicissimi hominis, eodem illo die mors fuisset nefaria. **11** Non uidit eorum ipsorum, qui tum adulescentes Crasso se dicarant, horribilis miserosque casus. Ex quibus C. Cotta, quem ille florentem reliquerat, paucis diebus post mortem Crassi depulsus per inuidiam tribunatu non multis ab eo tempore mensibus eiectus est e ciuitate ; Sulpicius autem, qui in eadem inuidiae flamma fuisset, quibuscum priuatus coniunctissime uixerat, hos in tribunatu spoliare instituit omni dignitate ; *q*uoi quidem ad summam gloriam eloquentiae florescenti ferro erepta uita est et poena temeritatis non sine magno rei publicae malo constituta. **12** Ego uero te, Crasse, cum uitae flore tum mortis opportunitate diuino consilio et ornatum et extinctum esse arbitror. Nam tibi aut pro uirtute animi constantiaque

10 a quo *AEH* : ad quae *LVOP* || ciuium *om. AEH* || uidit *om. AEH* || quoi *Friedrich* : quo *AEH* cui *VOP* || maerori *VOP* : — re *AEH* || nefaria *VOP* : —riam *AEH* || fuisset nefaria *AEH* : n. f. *VOP*.

11 C. *om. AEH* || uixerat *om. AEH* || quoi *ego, cf.* 10 : cui *codd.*

12 ornatum *AEH* : ortum *VOP*.

qui n'alla pas sans massacre des citoyens, l'auraient jeté dans l'affliction.

IV. **13** Pour moi, mon cher Quintus, quand je songe à la destinée des hommes dont je viens de parler et aux maux que j'ai moi-même si longtemps soufferts, pour avoir aimé la république d'un amour incroyable et passionné, souvent je me prends à reconnaître la justesse et la sagesse de tes avis : me montrant la destinée terrible de tous les personnages les plus illustres et les citoyens les meilleurs, tu ne cessais de vouloir m'arracher à toutes ces luttes épuisantes. **14** Mais puisque je n'ai plus la liberté de retourner en arrière, et que d'ailleurs la gloire m'est venue, éclatante, comme une compensation et un adoucissement à mes rudes travaux, continuons de rechercher des consolations (1), délicieuses, quand notre peine a disparu, bienfaisantes, même quand elle s'attache à nous ; achevons de transmettre à la postérité l'entretien de Crassus, presque le dernier où il prit part, et payons-lui le tribut légitime de ma juste reconnaissance ; s'il n'est pas égal à son génie, il attestera du moins mon affection.

15 Lorsque nous lisons ces admirables dialogues de Platon où, presque toujours, nous est présentée la figure de Socrate, qui de nous, malgré le talent divin avec lequel ils sont écrits, ne se fait pourtant du maître, auquel sont consacrées ces pages, une idée plus haute encore ? Telle est la disposition d'esprit que je demande, non pas à toi, mon frère (tu m'attribues toutes les qualités les plus éminentes), mais à tous ceux qui auront mon ouvrage entre les mains : qu'ils se fassent de Crassus une idée supérieure à l'image que je leur en aurai présentée. **16** N'ayant pas assisté à l'entretien même, dont j'ai eu connaissance par Cotta, qui s'est borné à me trans-

(1) Les occupations littéraires.

tua ciuilis ferri subeunda fuit crudelitas, aut, si qua te fortuna ab atrocitate mortis uindicasset, eadem esse te funerum patriae spectatorem coegisset; neque solum tibi improborum dominatus, sed etiam, propter admixtam ciuium caedem, bonorum uictoria maerori fuisset. IV. **13** Mihi quidem, Quinte frater, et eorum casus, de quibus ante dixi, et ea, quae nosmet ipsi ob amorem in rem publicam incredibilem et singularem pertulimus ac sensimus, cogitanti sententia saepe tua uera ac sapiens uideri solet, qui propter tot tantos tam praecipitisque casus clarissimorum hominum atque optimorum uirorum me semper ab omni contentione ac dimicatione [animi] reuocasti. **14** Sed quoniam haec iam neque in integro nobis esse possunt et summi labores nostri magna compensati gloria mitigantur, pergamus ad ea solacia, quae non modo sedatis molestiis iucunda sed etiam haerentibus salutaria nobis esse possint, sermonemque L. Crassi reliquum ac paene postremum memoriae prodamus atque ei, si nequaquam parem illius ingenio, at pro nostro tamen studio meritam gratiam debitamque referamus.

15 Neque enim quisquam nostrum, cum libros Platonis mirabiliter scriptos legit, in quibus omnibus fere Socrates exprimitur, non, quanquam illa scripta sunt diuinitus, tamen maius quiddam de illo, de quo scripta

12 qua *AEH* : quae *VOP*.
13 contentione *cet.* : c. animi *H* c. nimia *Stangl.*
14 possint *AEH* : possunt *VOP* || ei *VO* : ii *AH* ea *P* enim *E* || si *AEH* : et si *VOP* || at *VOP* : ac *AEH*.
15 amnibus *om.* *VOP* || non quamquam illa *VOP* : quamquam *AEH* || scripta sunt *AEH* : s. scr. *VOP*.

mettre les différents points de la discussion et les avis exprimés, je me suis efforcé de reproduire en gros, dans le langage de Crassus et d'Antoine, ce que je savais de la manière de chacun d'eux. S'il se trouve quelqu'un, trompé par l'opinion commune, pour croire qu'Antoine était plus sec et Crassus plus abondant que je ne les présente ici l'un et l'autre, c'est qu'il ne les a pas entendus ou qu'il n'était pas en état de les juger. Tous deux supérieurs à tous les autres, comme je l'ai déjà dit (1), par le travail, le talent naturel et la culture théorique, ils étaient parfaits, chacun dans son genre, et ce style brillant dont nous parlons ne manquait pas plus chez Antoine qu'il n'était exagéré chez Crassus.

Préambule de l'entretien. Le cadre et la scène (17-18)

V. 17 On s'était donc séparé avant midi pour prendre un peu de repos. Cotta, je le tiens de lui-même, fut surtout frappé de ce que Crassus, durant tout ce temps de la sieste, était resté plongé dans une réflexion très tendue et très profonde. Connaissant bien l'expression de sa physionomie, lorsqu'il devait plaider, et la fixité de son regard lorsqu'il réfléchissait, signes qu'il avait souvent observés en lui à la veille de procès importants, Cotta avait profité du moment où les autres reposaient pour venir dans la salle en demi-cercle où Crassus était étendu sur le lit qu'on lui avait dressé ; l'ayant trouvé tout absorbé par ses réflexions, il s'était retiré aussitôt. Près de deux heures s'écoulèrent dans le même silence. Enfin, comme l'après-midi s'avançait, tous entrèrent chez Crassus.

« Eh bien, lui dit Julius, allons-nous nous asseoir quelque part ? Toutefois, en venant, nous avons voulu

(1) Voir 2, 122 pour Crassus. Pour Antoine, on ne saurait renvoyer à un passage déterminé du *de Oratore*.

sunt, suspicatur ; quod item nos postulamus non a te quidem, qui nobis omnia summa tribuis, sed a ceteris, qui haec in manus sument, maius ut quiddam de L. Crasso, quam quantum a nobis exprimetur, suspicentur. **16** Nos enim, qui ipsi sermoni non interfuissemus et quibus C. Cotta tantummodo locos ac sententias huius disputationis tradidisset, quo in genere orationis utrumque oratorem cognoueramus, id ipsum sumus in eorum sermone adumbrare conati. Quod si quis erit, qui ductus opinione uulgi aut Antonium ieiuniorem aut Crassum pleniorem fuisse putet quam quomodo a nobis uterque inductus est, is erit ex iis, qui aut illos non audierit aut iudicare non possit. Nam fuit uterque, ut exposui antea, cum studio et ingenio et doctrina praestans omnibus, tum in suo genere perfectus, ut neque in Antonio deesset hic ornatus orationis neque in Crasso redundaret.

V. **17** Vt igitur ante meridiem discesserunt paulumque requierunt, in primis hoc a se Cotta animaduersum esse dicebat, omne illud tempus meridianum Crassum in acerrima atque attentissima cogitatione posuisse, seseque, qui uultum eius, cum ei dicendum esset, obtutumque oculorum in cogitandum probe nosset atque

15 suspicatur *AEH* : — cantur *VOP* || omnia summa *AEH* : s. o. *VOP* || maius ut *cet.* : ut m. *O* et m. *P*.

16 ipsi *LOPAEH* : ipsius *V* || a nobis uterque *VOP* : uterque *AEH* || sermoni *cet.* : — nem *AE* || a nobis uterque *VOP* : uterque *AEH* || est is *VOP* : esset is *AEH* || studio et *cet.* : studio atque *P* atque *LVO*.

17 Vt igitur *VOP* : igitur *AEH* || discesserunt paulumque requierunt *VOP* : requierunt *AEH* || cogitandum *VOP* : —do *AEH*.

seulement te rappeler ta promesse, sans rien exiger.

— **18** Me croyez-vous, répondit Crassus, assez impudent pour tarder davantage à m'acquitter envers vous, surtout quand il s'agit d'une dette de cette nature ?

— Alors, dit César, quel lieu choisirons-nous ? Peut-être l'intérieur de ce bois ? Cela vous plaît-il ? Nulle part nous ne trouverons plus d'ombre et de fraîcheur.

— Volontiers, dit Crassus ; nous aurons là de quoi nous asseoir, ce qui sera commode pour causer. »

Tout le monde fut de cet avis. On se rendit dans le bois, où l'on s'assit, fort impatient d'écouter Crassus.

Exposé du sujet (19-25)

19 Celui-ci prenant la parole : « L'ascendant que votre amitié a sur moi, surtout la bonne volonté d'Antoine (1) m'ont enlevé tout moyen de me récuser, alors que j'en avais d'excellentes raisons (2). Toutefois (3), dans le partage qu'il a fait de notre discussion, lorsqu'il a pris pour lui ce que devait dire l'orateur et m'a laissé à exposer de quels ornements il lui fallait revêtir ses idées, il a distingué deux choses inséparables. Car tout discours se compose du fond et des mots ; supprimez le fond, les mots n'ont plus de point d'appui ; faites disparaître les mots, la pensée n'est plus mise en lumière. **20** Il me semble bien que les anciens maîtres (4), dont l'esprit embrassait des conceptions autrement vastes, ont eu aussi une intelligence des choses bien trop pénétrante pour nos cerveaux d'aujourd'hui avec leur vue bornée. En effet tout ce qu'il y a sur notre tête et sous nos pieds, ils l'ont présenté comme un tout, maintenu par une force unique : l'harmonie de la nature. Pas une des parties

(1) Sous-entendu : à s'acquitter de sa tâche ».

(2) Il les a indiquées au livre II, § 15 et suiv.

(3) Sous-ent. : au moment de commencer, je suis arrêté par une difficulté.

(4) Les Eléates, et, en premier lieu, Parménide.

in maximis causis saepe uidisset, tum dedita opera quiescentibus aliis in eam exedram uenisse, in qua Crassus posito lectulo recubuisset, cumque eum defixum esse in cogitatione sensisset, statim recessisse atque in eo silentio duas horas fere esse consumptas. Deinde cum omnes inclinato iam in posmeridianum tempus die uenissent ad Crassum :

Quid est, Crasse, inquit Iulius ; imusne sessum ? Etsi admonitum uenimus te, non flagitatum.

18 Tum Crassus : An me tam impudentem esse existimatis ut uobis hoc praesertim munus putem diutius posse debere ?

— Quinam igitur, inquit ille, locus ? An in media silua placet ? Est enim is maxime et opacus et frigidus.

— Sane, inquit Crassus ; et enim est in eo loco sedes huic nostro non importuna sermoni.

Cum placuisset idem ceteris, in siluam uenitur et ibi magna cum audiendi expectatione considitur.

19 Tum Crassus : Cum auctoritas atque amicitia uestra, tum Antoni facilitas eripuit, inquit, mihi in optima mea causa libertatem recusandi. Quamquam in partienda disputatione nostra cum sibi de eis quae dici ab oratore oporteret sumeret, mihi autem relinque-

17 tunc *(sic)* dedita — recubuisset *habet NON. p.* 107 *M* || posito lectulo *AEH* NON. : l. p. *VOP* || defixum esse in cogitatione *AEH :* in c. d. esse *VOP* || iam in *cet. :* iam *AE* || *Post* iam in *deficit H* || posmeridianum *cet. :* prom — *EA* || die uenissent *VOP :* diuenissent *A* deu — *E* || est, Crasse *AE :* est *VOP* || Et si *VOP :* et ne *AE* || *Post* etsi admo — *deficiunt AE.*

18 tam *LVP :* tandem *O* || Quinam *codd. :* quidnam *Manuce* || audiendi *O :* aduenìendi *LVP* || considitur *vulg. :* consed — *VOP.*

19 eis *vulg. :* his *codd.*

qui, détachée des autres, puisse subsister à elle seule ; pas une non plus, dont les autres puissent être privées, sans dommage pour le principe et la perpétuité de l'ensemble.

VI. **21** « Mais si, par son ampleur, une telle conception semble dépasser l'intelligence et la réflexion humaines, il y a au moins le mot fameux et si vrai de Platon, mot qui pour toi, Catulus (1), n'est sûrement pas inconnu, à savoir que l'étude théorique de toutes les sciences dont nous parlons et qui font l'homme digne de ce nom, présente comme un lien qui les unit. Quand une fois l'on a bien vu toute la portée de cette théorie, qui nous rend compte des causes et des conséquences des faits, aussitôt se découvre ce que j'appellerai cet accord et ce concert merveilleux entre toutes les connaissances. **22** Si même cette conception-là semble trop haute pour que nous autres, qui rampons sur le sol, puissions élever nos regards jusqu'à elle, reste tout au moins une chose dont nous devons prendre et conserver fidèlement une notion exacte : l'art auquel nous nous sommes voués, que nous professons, qui est l'affaire de notre vie.

« Eh bien ! l'éloquence est une, je le disais hier (2) et Antoine l'a indiqué plusieurs fois dans l'entretien de ce matin (3) — une, quelle que soit la région, la sphère d'idées où la discussion la transporte. **23** Que l'orateur parle sur la nature du ciel ou de la terre, sur l'essence des choses divines ou humaines, qu'il soit placé au-dessous (4) des auditeurs, sur le même niveau (5)

(1) Catulus était considéré comme un fin connaisseur de toutes les choses grecques.

(2) Au livre I, § 55 et suiv.

(3) Au livre II, §§ 34 et suiv., 41, 67 et suiv.

(4) Devant les tribunaux.

(5) Au sénat, entre autres.

ret ut explicarem quem ad modum illa ornari oporteret, ea diuisit quae seiuncta esse non possunt. Nam cum omnis ex re atque [ex] uerbis constet oratio, neque uerba sedem habere possunt, si rem subtraxeris, neque res lumen, si uerba semoueris. **20** Ac mihi quidem ueteres illi, maius quiddam animo complexi, plus multo etiam uidisse uidentur quam quantum nostrorum ingeniorum acies intueri potest, qui omnia haec, quae supra et subter, unum esse et una ui atque consensione naturae constricta esse dixerunt. Nullum est enim genus rerum, quod aut auulsum a ceteris per se ipsum constare aut quo cetera si careant uim suam atque aeternitatem conseruare possint.

VI. **21** Sed si haec maior esse ratio uidetur quam ut hominum possit sensu aut cogitatione comprendi, est etiam illa Platonis uera et tibi, Catule, certe non inaudita uox, omnem doctrinam harum ingenuarum et humanarum artium uno quodam societatis uinculo contineri. Vbi enim perspecta uis est rationis eius, qua causae rerum atque exitus cognoscuntur, mirus quidam omnium quasi consensus doctrinarum concentusque reperitur. **22** Sed si hoc quoque uidetur esse altius quam ut id nos humi strati suspicere possimus, illud certe tamen, quod amplexi sumus, quod profitemur, quod suscepimus, nosse et tenere debemus.

Vna est enim, quod et ego hesterna die dixi et aliquot locis antemeridiano sermone significauit Antonius,

19 ex *secl. vulg.*
20 Ac *LV* : at *OP*.
22 suspicere *LV* : suscipere *OP* || antemeridiano *vulg.* : —nos *O* meridiano *LVP* || sermone *LVP* : — nes *O*.

ou au-dessus (1) ; qu'il ait pour but de pousser à une décision, d'exposer une question ou de dissuader, d'exciter ou de ramener, d'enflammer ou de calmer, qu'il s'adresse à un petit ou à un grand nombre d'auditeurs, devant des étrangers, parmi des intimes ou seul avec lui-même, son discours est un fleuve divers par ses bras, non par ses sources, et, partout où il se présente, c'est avec même bagage utile, avec même parure. **24** Mais, puisque nous nous en laissons imposer par les opinions, non seulement du vulgaire, mais encore de demi-savants, qui, pour manier plus aisément ce qu'ils ne peuvent saisir dans son entier, le divisent et le mettent pour ainsi dire en lambeaux, et, comme on séparerait l'âme du corps, séparent la pensée de l'expression, sans songer que, dans les deux cas, c'est la mort qui s'ensuit, mon exposé n'ira pas au-delà de la tâche que vous m'avez fixée. Je me contenterai de noter brièvement qu'en vain l'on chercherait des mots brillants, si d'abord l'on n'a trouvé et dégagé les idées, et que toute idée reste obscure si la forme ne vient lui donner de l'éclat. **25** Mais avant d'essayer de montrer rapidement comment, selon moi, on peut donner aux idées du brillant et de l'éclat, j'exposerai brièvement ma façon de penser sur l'éloquence prise dans son ensemble.

Considérations générales : l'éloquence est une (25-37).

VII. « Il n'existe dans la nature, me semble-t-il, aucun ordre de choses qui ne présente une foule de combinaisons sans aucune analogie et toutes capables de plaire à un titre analogue. Ainsi notre oreille perçoit beaucoup d'impressions délicieuses, toutes provoquées par les sons, mais toutes si variées que la plus agréable paraît être celle que l'on entend la dernière. Notre œil aussi recueille, en nombre presque infini, des

(1) Lorsqu'on parle de la tribune aux harangues.

eloquentia, quascumque in oras disputationis regionesue delata est. **23** Nam siue de caeli natura loquitur siue de terrae siue de diuina ui siue de humana siue ex inferiore loco siue ex aequo siue ex superiore siue ut impellat homines siue ut doceat siue ut deterreat siue ut concitet siue ut reflectat siue ut incendat siue ut leniat siue ad paucos siue ad multos siue inter alienos siue cum suis siue secum, riuis est diducta oratio, non fontibus ; et, quocumque ingreditur, eodem est instructu ornatuque comitata. **24** Sed quoniam oppressi iam sumus opinionibus non modo uulgi uerum etiam hominum leuiter eruditorum, qui, quae complecti tota nequeunt, haec facilius diuulsa et quasi discerpta contrectant, et qui tamquam ab animo corpus, sic a sententiis uerba seiungunt, quorum sine interitu fieri neutrum potest, non suscipiam oratione mea plus quam mihi imponitur ; tantum significabo breui neque uerborum ornatum inueniri posse non partis expressisque sententiis neque esse ullam sententiam illustrem sine luce uerborum. **25** Sed priusquam illa conor attingere, quibus orationem ornari atque illuminari putem, proponam breuiter quid sentiam de uniuerso genere dicendi.

VII. Natura nulla est, ut mihi uidetur, quae non habeat in suo genere res compluris dissimilis inter se, quae tamen consimili laude dignentur. Nam et auribus multa percipimus, quae etsi nos uocibus delectant, tamen ita sunt uaria saepe, ut id, quod proximum

22 est *LVP (exp.)* : sit *O.*
24 partis *Lambin* : partitis *codd.*
25 res compluris — dignentur *habet* NON. *p.* 281 *M.*

jouissances ; mais, tout en concernant un seul sens, les impressions délicieuses qu'elles procurent n'offrent entre elles aucune analogie. De même pour les autres sens : les jouissances qu'ils éprouvent sont si diverses qu'il est difficile de dire celle qui l'emporte et produit la sensation la plus douce. **26** Ce que l'on constate dans l'ordre des choses naturelles peut s'appliquer également aux beaux-arts. Un est l'art de la sculpture. Myron, Polyclète, Lysippe y ont excellé ; chacun des trois est différent des autres ; mais l'on ne voudrait pas qu'aucun d'eux fût différent de lui-même. Un est l'art de la peinture et l'ensemble de ses règles. Cependant Zeuxis, Aglaophon, Apelle sont très différents les uns des autres ; mais rien, dans son art, ne semble manquer à aucun d'eux.

« Et si cette variété, toute réelle qu'elle soit, étonne dans ces arts en quelque sorte muets, combien n'est-elle pas plus étonnante dans l'éloquence et l'art de la parole ? On y trouve employées les mêmes pensées, les mêmes expressions ; elle offre pourtant les aspects les plus différents. J'entends non pas qu'il faille rabaisser certains d'entre eux, mais que par là ceux qu'on s'accorde à louer sont louables pour des qualités diverses. **27** C'est ce qu'on peut constater d'abord chez les poètes, qui ont tant d'affinités avec les orateurs. Quelles différences entre eux offrent Ennius, Pacuvius, Accius, et, chez les Grecs, Eschyle, Sophocle, Euripide ! Malgré la différence de leur manière, ne les place-t-on pas presque au même rang de gloire ? **28** Tournez à présent vos regards sur les hommes dont le talent fait l'objet de notre discussion. Isocrate a eu le charme ; Lysias, la simplicité ; Hypéride, la finesse pénétrante ; Eschine, l'éclat ; Démosthène, la véhémence. Lequel n'est pas admirable ? et cependant lequel ressemble à d'autres qu'à lui-même ? L'Africain a eu la noblesse ; Laelius, la douceur ; Galba, l'âpreté ;

audias, iucundissimum esse uideatur, et oculis colliguntur paene innumerabiles uoluptates, quae nos ita capiunt ut unum sensum dissimili genere delectent, et reliquos sensus uoluptates oblectant dispares, ut sit difficile iudicium excellentis maxime suauitatis. **26** At hoc idem, quod est in naturis rerum, transferri potest etiam ad artes. Vna fingendi est ars, in qua praestantes fuerunt Myro, Polyclitus, Lysippus ; qui omnes inter se dissimiles fuerunt, sed ita tamen ut neminem sui uelis esse dissimilem. Vna est ars ratioque picturae, dissimillimique tamen inter se Zeuxis, Aglaophon, Apelles, neque eorum quisquam est cui quicquam in arte sua deesse uideatur.

Et si hoc in his quasi mutis artibus est mirandum et tamen uerum, quanto admirabilius in oratione atque in lingua ? Quae cum in iisdem sententiis uerbisque uersetur, summas habet dissimilitudines, non sic ut alii uituperandi sint, sed ut ii, quos constet esse laudandos, in dispari tamen genere laudentur. **27** Atque id primum in poetis cerni licet, quibus est proxima cognatio cum oratoribus. Quam *su*nt inter sese Ennius, Pacuuius Acciusque dissimiles, quam apud Graecos Aeschylus, Sophocles, Euripides, quamquam omnibus par paene laus in dissimili scribendi genere tribu*i*tur. **28** Aspicite nunc eos homines atque intuemini, quorum de facultate quaerimus, [quid intersit inter oratorum studia atque naturas]. Suauitatem Isocrates, subtilitatem Lysias, acumen Hyperides, sonitum Aeschines,

27 sunt *Bake :* sint *codd.* || tribuitur *Bake :* tribuatur *codd.*
28 quid intersit — naturas *secl. Bake.*

Carbon un style coulant, en quelque sorte, et harmonieux. Ne furent-ils pas chacun le premier de son temps ? et le premier chacun dans un genre qui lui est propre ?

VIII. **29** « Mais pourquoi chercher des exemples anciens, lorsque je puis en trouver de vivants, sous nos yeux ? Est-il jamais venu jusqu'à nos oreilles rien de plus agréable que ta parole, Catulus ? Elle est d'une telle pureté que tu sembles presque le seul à parler un bon latin ; d'une telle noblesse que, dans sa dignité exceptionnelle, elle sait ne rien perdre de la politesse et de la grâce. Bref, chaque fois que je l'entends, j'ai le sentiment qu'on ne pourrait rien ajouter, ni changer, ni retrancher à ses paroles, sans les gâter ou les affaiblir. **30** Et notre ami César, ici présent ? N'a-t-il pas apporté un genre nouveau d'éloquence, introduit une manière qui n'appartient guère qu'à lui ? Quel autre a jamais, comme lui, traité les sujets tragiques presque avec le ton de la comédie, les sujets tristes avec une humeur légère, les sujets sérieux avec enjouement, les causes débattues au forum presque avec l'agrément du théâtre, sans que la grandeur des intérêts exclue le badinage ou que la plaisanterie fasse tort à la gravité des circonstances ? **31** Voici devant nous deux jeunes gens à peu près égaux en mérite, Sulpicius et Cotta. Quoi de plus dissemblable que leur talent ? Quoi de plus distingué, chacun dans son genre ? L'un, sobre et précis, trouve pour sa pensée le terme propre et juste ; il s'enferme toujours dans la cause, et lorsque, de son regard perçant, il a vu où doit être obtenue l'approbation du juge, sans s'occuper des autres preuves, c'est là qu'il concentre toute sa pensée, tout son effort. Sulpicius, lui, avec une sorte de force et d'élan dans l'esprit, une voix pleine et puissante, une action où entre en jeu tout son corps, un geste noble, possède en outre l'autorité et la richesse de la forme ; bref, on dirait que, par une complaisance

uim Demosthenes habuit. Quis eorum non egregius ? tamen *quis* cuiusquam nisi sui similis ? Grauitatem Africanus, lenitatem Laelius, asperitatem Galba, profluens quiddam habuit Carbo et canorum. Quis horum non princeps temporibus illis fuit ? et suo tamen quisque in genere princeps.

VIII. **29** Sed quid ego uetera conquiram, cum mihi liceat uti praesentibus exemplis atque uiuis ? Quid iucundius auribus nostris umquam accidit huius oratione Catuli ? quae est pura sic ut latine loqui paene solus uideatur, sic autem grauis ut in singulari dignitate omnis tamen assit humanitas ac lepos. Quid multa? istum audiens equidem sic iudicare soleo, quicquid aut addideris aut mutaueris aut detraxeris, uitiosius et deterius futurum. **30** Quid, noster hic Caesar nonne nouam quandam rationem attulit orationis et dicendi genus induxit prope singulare ? Quis umquam res, praeter hunc, tragicas paene comice, tristes remisse, seueras hilare, forenses scaenica prope uenustate tractauit atque ita ut neque iocus magnitudine rerum excluderetur nec grauitas facetiis minueretur ? **31** Ecce praesentes duo prope aequales Sulpicius et Cotta. Quid tam inter se dissimile ? quid tam in suo genere praestans ? Limatus alter et subtilis, rem explicans propriis aptisque uerbis, haeret in causa semper et quid iudici probandum sit cum acutissime uidit, omissis ceteris argumentis in eo mentem orationemque defigit. Sul-

28 quis *add. uulg.*
30 Quis — hilare *habet* NON. *p.* 383 *M.* || Quis — tractauit *habet* NON. *p.* 513 *M.*

unique, la nature a voulu le combler de tous les dons qui font l'orateur.

IX. **32** « Je reviens maintenant à nous deux (1), puisque notre destin constant est d'être mis en parallèle et que l'opinion publique nous cite pour ainsi dire devant son tribunal pour décider entre nous. Y a-t-il éloquence plus dissemblable que celle d'Antoine et la mienne ? Antoine est l'orateur qu'on ne peut surpasser, et moi, qui ne suis guère content de moi-même, c'est de lui surtout qu'on me rapproche pour me mettre en parallèle avec lui. Ne voyez-vous pas quel est le genre de son talent ? plein de force, de véhémence, de mouvement dans la plaidoirie, habile à se couvrir, en garde sur toutes les faces de la cause, en éveil, pénétrant, lumineux, s'arrêtant sur chaque point favorable, sachant faire retraite en bon ordre et poursuivre avec vigueur, effrayer et supplier, avec une variété de ton infinie, sans jamais fatiguer nos oreilles. **33** Pour moi, quel que soit mon mérite (car vous voulez bien me compter au nombre des orateurs), il est sûr que mon genre est fort éloigné du sien (2). En quoi consiste la différence, il ne m'appartient pas de le dire, pour la raison qu'on ne se connaît pas soi-même et qu'il est très difficile de se juger. On peut tout de même s'en faire une idée par les détails suivants : mon action oratoire est modérée ; je termine généralement mon discours sans avoir quitté la place que j'occupais au début (3) ; j'apporte au choix des mots une étude, un soin plus scrupuleux, tourmenté que je suis de la crainte qu'une élocution un peu trop vulgaire ne semble pas répondre à l'attente et au silence de l'auditoire. **34** Si déjà parmi nous, qui sommes ici, il existe de telles différences, chacun ayant ses qualités propres si nette-

(1) Antoine et Crassus.

(2) Celui d'Antoine.

(3) La plupart des orateurs anciens se promenaient d'un bout à l'autre de la tribune.

picius autem fortissimo quodam animi impetu, plenissima et maxima uoce, summa contentione corporis et dignitate motus, uerborum quoque ea grauitate et copia est ut unus ad dicendum instructissimus a natura esse uideatur.

IX. **32** Ad nosmet ipsos iam reuertor, quoniam sic fuimus semper comparati, ut hominum sermonibus quasi in aliquod contentionis iudicium uocaremur. Quid tam dissimile quam ego in dicendo et Antonius, cum ille is sit orator, ut nihil eo possit esse praestantius, ego autem, quamquam memet mei paenitet, cum hoc maxime tamen in comparatione coniungar ? Videtisne genus hoc quod sit Antoni ? forte, uehemens, commotum in agendo, praemunitum et ex omni parte causae saeptum, acre, acutum, enucleatum, in *sua* quaque re commorans, honeste cedens, acriter insequens, terrens, supplicans ; summa orationis uarietate, nulla nostrarum aurium satietate. **33** Nos autem, quicumque in dicendo sumus, quoniam esse aliquo in numero uobis uidemur, certe tamen ab huius multum genere distamus ; quod quale sit non est meum dicere, propterea quod minime sibi quisque notus est et difficillime de se quisque sentit ; sed tamen dissimilitudo intellegi potest et ex motus mei mediocritate et ex eo, quod, quibus uestigiis primum institi, in eis fere soleo perorare, et quod aliquanto me maior in uerbis eligendis labor et cura

32 in sua *Adler :* in una *codd.* in summa *Scheibe.*
33 eligendis labor et cura torquet uerentem ne *V :* e. quam laboret curator que uerentem ne *O* e. quem labor et cura torquet uerentem et *L* e. quam labor et cura torquet uerentem ne P^1 e. quam in sententiis labor et cura torquet u. ne P^2.

ment définies, si, dans cette variété, l'on distingue et l'on classe en général non d'après le genre d'éloquence, mais d'après le degré de talent, enfin si l'on accorde des louanges à tout ce qui est parfait en son genre, eh bien ! supposez maintenant que nous voulions considérer tous les orateurs de tous les pays et de tous les siècles, ne croyez-vous pas qu'on trouverait à peu près autant de genres d'éloquence que d'orateurs ?

« Peut-être, de mon argumentation voudra-t-on tirer la conclusion que, si l'éloquence revêt une multitude presque infinie de formes et de figures, si j'ose employer ces mots, différentes d'aspect, dignes d'éloge dans leur principe, tant de manières diverses ne peuvent se plier aux mêmes règles et aux mêmes leçons. **35** Il n'en est pas ainsi et ceux qui donnent leurs leçons à des jeunes gens qu'ils sont chargés de former doivent observer avec le plus grand soin vers quel genre chacun d'eux semble le plus porté par ses dispositions naturelles. Nous voyons en effet que de la même école, si j'ose employer ce mot (1), sont sortis des élèves fort dissemblables entre eux, mais tous distingués, parce que le professeur avait su approprier ses leçons à la nature de chacun d'eux. **36** Cette constatation (pour me borner à un seul art) peut être illustrée par un exemple particulièrement topique. Isocrate, ce professeur éminent, disait qu'il employait d'ordinaire l'éperon avec Éphore, le frein au contraire avec Théopompe. Celui-ci montrait une hardiesse bondissante qui s'échappait dans le style, et il la retenait ; l'autre, une hésitation presque craintive, qu'il aiguillonnait. Il ne les rendit pas semblables l'un à l'autre ; mais il se contenta d'ajouter à celui-ci, de retrancher à celui-là, juste ce qu'il fallait pour mettre

(1) La restriction s'explique, parce que le mot latin *(ludus)* se dit proprement d'une école de petits enfants ou d'une école de gladiateurs.

torquet uerentem ne, si paulo obsoletior fuerit oratio, non digna expectatione et silentio fuisse uideatur. **34** Quod si in nobis, qui assumus, tantae dissimilitudines, tam certae res cuiusque propriae, et in ea uarietate fere melius a deteriore facultate magis quam genere distinguitur, atque omne laudatur, quod in suo genere perfectum est, quid censetis, si omnes, qui ubique sunt aut fuerunt oratores, amplecti uoluerimus ? nonne fore ut, quot oratores, totidem paene reperiantur genera dicendi ?

Ex qua mea disputatione forsitan occurrat illud, si paene innumerabiles sint quasi formae figuraeque dicendi specie dispares genere laudabiles, non posse ea, quae inter se discrepant, iisdem praeceptis atque [in] una institutione formari. **35** Quod non est ita diligentissimeque hoc est eis, qui instituunt aliquos atque erudiunt, uidendum, quo sua quemque natura maxime ferre uideatur. Et enim uidemus ex eodem quasi ludo [summorum in suo cuiusque genere artificum et magistrorum] exisse discipulos dissimilis inter se ac tamen laudandos, cum ad cuiusque naturam institutio doctoris accommodaretur. **36** Cuius est uel maxime insigne illud exemplum, ut ceteras artes omittamus, quod dicebat Isocrates doctor singularis, se calcaribus in Ephoro, contra autem in Theopompo frenis uti solere. Alterum enim exultantem uerborum audacia reprimebat, alterum cunctantem et quasi uerecundantem incitabat. Neque

34 in *secl. vulg.*
35 summorum — magistrorum *secl. Reid.*
36 omittamus *cet.* : committamus *LVO*[1]*P*[1] || alterum cunctantem — incitabat *habet* NON. *p.* 189 *M.*

en bonne forme, chez l'un et l'autre, le talent que comportait sa nature.

X. **37** « J'ai dû exposer ces réflexions préalables pour que, si toutes les idées que je vais maintenant énoncer ne s'accordent pas exactement avec votre goût particulier ni avec le genre d'éloquence que préfère chacun de vous, vous compreniez qu'elles expriment celui qui a toutes mes préférences.

L'élocution. Premier précepte : parler correctement (37-47)

« Je commence donc : à ce qu'Antoine a exposé (1), l'orateur doit ajouter l'action et l'élocution. En quoi consiste le meilleur mode d'élocution (car je parlerai plus tard de l'action), sinon dans la bonne latinité, la clarté, le brillant, enfin la convenance et l'accord du style avec le sujet, quel qu'il soit ? **38** Des deux qualités que j'ai nommées les premières, pureté et clarté de la forme, vous n'attendez pas, je pense, que je vous apporte les règles. On ne songe pas à apprendre à parler en public à un homme qui ne saurait pas s'exprimer, ni à espérer que celui qui ne parle pas un latin correct prononce jamais un discours brillant, ni qu'il réussisse à se faire admirer, lorsqu'il ne sait même pas se faire comprendre. Laissons donc là ces deux qualités, qu'il est facile d'acquérir, indispensable de posséder. La première se prend avec l'instruction élémentaire du jeune âge ; l'autre, qui a pour objet d'énoncer toujours des choses intelligibles, est d'une nécessité absolue, mais c'est le moins qu'on puisse exiger. **39** Si la propriété constante du langage s'ébauche grâce à l'instruction élémentaire, elle se perfectionne par l'étude des orateurs et des poètes. Nos vieux Romains, en effet, bien qu'ils n'eussent pas

(1) Touchant l'invention et la disposition.

eos similis effecit inter se, sed tantum alteri affinxit, de altero limauit, ut id conformaret in utroque quod utriusque natura pateretur.

X. **37** Haec eo mihi praedicanda fuerunt, ut, si non omnia quae proponerentur a me ad omnium uestrum studium et ad genus id quod quisque uestrum in dicendo probaret adhaerescerent, id a me genus exprimi sentiretis, quod maxime mihi ipsi probaretur.

Ergo haec et agenda sunt ab oratore, quae explicauit Antonius, et dicenda quodam modo. Quinam igitur dicendi est modus melior — nam de actione post uidero —, quam ut latine, ut plane, ut ornate, ut ad id, quodcumque agetur, apte congruenterque dicamus ? **38** Atque eorum quidem, quae duo prima dixi, rationem non arbitror expectari a me puri dilucidique sermonis. Neque enim conamur docere eum dicere qui loqui nesciat, nec sperare, qui latine non possit, hunc ornate esse dicturum, neque uero, qui non dicat quod intellegamus, hunc posse quod admiremur dicere. Linquamus igitur haec, quae cognitionem habent facilem, usum necessarium. Nam alterum traditur litteris doctrinaque puerili, alterum adhibetur ob eam causam, ut intellegatur quid quisque dicat, quod uidemus ita esse necessarium, ut tamen eo minus nihil esse possit. **39** Sed omnis loquendi elegantia, quamquam expolitur scientia litterarum, tamen augetur legendis oratoribus et poetis. Sunt enim illi ueteres, qui ornare nondum poterant ea quae dicebant, omnes prope

36 conformaret *vulg.* : confirm — *VOP*
38 dilucidi *LV* : lucidi *OP*.

encore le secret de présenter leurs paroles sous une forme brillante, s'exprimaient presque tous en une langue excellente, et ceux qui se seront accoutumés à leur manière ne pourront plus, quand même ils le voudraient, parler autrement qu'en bon latin. Ce n'est pas à dire qu'il faille employer les mots déjà sortis de notre usage, si ce n'est quelquefois, pour rendre la forme brillante, et encore avec réserve, comme je le mor trerai (1) ; mais, parmi les mots usités, n'employer que les meilleurs, voilà ce que l'on gagnera au contact fréquent et répété de ces vieux ouvrages.

XI. **40** « D'ailleurs parler un bon latin ne consiste pas seulement à se préoccuper d'employer des expressions que personne, à bon droit, ne saurait reprendre, et cela en observant les cas, les temps, le genre et le nombre, de manière à éviter toute confusion de formes, tout désaccord avec les règles, toute construction anormale ; il faut encore régler sa prononciation, sa respiration et jusqu'au son de sa voix. **41** Je ne veux pas qu'on détache les lettres d'une manière trop affectée ; je ne veux pas qu'on les prononce indistinctement, d'une manière trop négligente ; je ne veux pas que les mots sortent faiblement dans un souffle, ou bien enflés et comme exhalés avec trop de force. Pour la voix, je laisse de côté maintenant (2) ce qui se rapporte à l'action ; je ne m'occupe d'elle que dans cette sorte d'union étroite qu'elle me semble avoir avec les mots. Or il y a sur ce point des défauts indiscutables, que l'on ne peut pas ne pas avoir le désir d'éviter : un son de voix sans énergie, ou efféminé, ou pour ainsi dire en dehors du ton, discordant et désagréable. **42** De plus il y en a un que certains recherchent de propos délibéré. Il est des orateurs qui adoptent volontiers une articulation paysanne et grossière, pour que, grâce

(1) Au § 153.
(2) Il y reviendra dans les §§ 217 et suiv., 224 et suiv.

praeclare locuti ; quorum sermone assuefacti qui erunt, ne cupientes quidem poterunt loqui nisi latine. Neque tamen erit utendum uerbis eis, quibus iam consuetudo nostra non utitur, nisi quando ornandi causa parce, quod ostendam ; sed usitatis ita poterit uti, lectissimis ut utatur *is* qui in ueteribus erit scriptis studiose et multum uolutatus.

XI. **40** Atque ut latine loquamur, non solum uidendum est ut et uerba efferamus ea, quae nemo iure reprendat, et ea sic et casibus et temporibus et genere et numero conseruemus, ut ne quid perturbatum ac discrepans aut praeposterum sit, sed etiam lingua et spiritus et uocis sonus est ipse moderandus. **41** Nolo exprimi litteras putidius, nolo obscurari neglegentius ; nolo uerba exiliter exanimata exire, nolo inflata et quasi anhelata grauius. Nam de uoce nondum ea dico quae sunt actionis, sed hoc quod mihi cum sermone quasi coniunctum uidetur. Sunt enim certa uitia, quae nemo est qui*n* effugere cupiat, mollis uox aut muliebris aut quasi extra modum absona atque absurda. **42** Est autem uitium, quod nonnulli de industria consectantur. Rustica uox et agrestis quosdam delectat, quo magis antiquitatem, si ita sonet, eorum sermo retinere uideatur ; ut tuus, Catule, sodalis L. Cotta gaudere mihi uidetur grauitate linguae sonoque uocis agresti, et illud, quod loquitur, priscum ui-

39 is *vulg.* : his *VOP*.
40 uidendum VO^2P : ut u. O^1.
41 Nolo praeterea *(sic)* exprimi — anhelata *habet* IVLIVS VICTOR *H* 441, 10 sqq. ‖ quin *vulg.* : qui *VOP*.

à cet accent, leur langage semble conserver davantage un air d'archaïsme. Tel est, Catulus, L. Cotta, ton compagnon intime : il semble aimer une prononciation pesante, un accent grossier ; il croit, grâce à ces inflexions bien campagnardes, que son langage semblera rappeler la manière de nos ancêtres. Au contraire, ton accent et sa finesse précise m'enchantent ; je laisse de côté, bien que ce soit l'essentiel, la finesse précise des mots, qualité que l'on acquiert par la théorie, que donne l'étude, que confirme la pratique assidue de lire et de parler ; je pense au charme de ta diction ; chez les Grecs, les Athéniens le possédaient seuls ; pour le parler latin, c'est le privilège de notre ville. **43** Athènes a depuis longtemps vu disparaître la science des Athéniens eux-mêmes ; elle n'est plus qu'un séjour d'études, auxquelles les habitants sont insensibles, mais dont viennent jouir les étrangers, séduits en quelque façon par le nom et le prestige de la cité. Cependant n'importe quel Athénien, même sans instruction, l'emportera sur les hommes d'Asie les plus cultivés, non par les termes employés, mais par l'accent, et moins par la correction que par le charme de sa parole. Nos compatriotes s'adonnent aux études littéraires moins que les autres Latins ; et pourtant, parmi les gens de la ville que vous connaissez comme n'ayant pas de culture littéraire, en est-il un qui, par la douceur de sa voix, par sa manière seule d'articuler et de former les sons, ne laisse loin derrière lui Q. Valérius de Sora (1), le plus lettré de tous ceux qui portent la toge (2) ?

XII. **44** « Puisque le Romain, l'habitant de notre ville a je ne sais quel accent qui le distingue nettement, où il n'y a rien qui puisse choquer, qui puisse déplaire, qui puisse attirer l'attention, rien qui sonne ou qui sente

(1) Petite ville du Latium. — Q. Valérius était un grammairien et critique alors célèbre

(2) C'est-à-dire de tous ceux qui parlent latin.

sum iri putat, si plane fuerit rusticanum. Me autem tuus sonus et subtilitas ista delectat, omitto uerborum, quamquam est caput; uerum id affert ratio, docent litterae, confirmat consuetudo et legendi et loquendi; sed hanc dico suauitatem, quae exit ex ore; quae quidem ut apud Graecos Atticorum, sic in Latino sermone huius est urbis maxime propria. **43** Athenis iam diu doctrina ipsorum Atheniensium interiit, domicilium tantum in illa urbe remanet studiorum, quibus uacant ciues, peregrini fruuntur capti quodam modo nomine urbis et auctoritate; tamen eruditissimos homines Asiaticos quiuis Atheniensis indoctus non uerbis sed sono uocis nec tam bene quam suauiter loquendo facile superabit. Nostri minus student litteris quam Latini. Tamen ex istis, quos nostis, urbanis, in quibus minimum est litterarum, nemo est quin litteratissimum togatorum omnium Q. Valerium Soranum leuitate uocis atque ipso oris pressu et sono facile uincat.

XII. **44** Quare cum sit quaedam certa uox Romani generis urbisque propria, in qua nihil offendi, nihil displicere, nihil animaduerti possit, nihil sonare aut olere peregrinum, hanc sequamur, neque solum rusticam asperitatem sed etiam peregrinam insolentiam fugere discamus. **45** Equidem cum audio socrum meam Laeliam — facilius enim mulieres incorruptam antiquitatem conseruant, quod multorum sermonis expertes ea tenent semper quae prima didicerunt —, sed eam sic

42 rusticanum *habet* VELIVS LONGVS *K* VII 49, 21.
43 Latini *vulg.* : — ne *VOP* || Q. Valerium — uincat *habet* NON. *p.* 162 *M.* || leuitate *LV* : lenitate *OP* NON.

l'étranger, cherchons à l'adopter et apprenons à fuir non seulement la prononciation rauque des paysans, mais encore la bizarrerie de l'intonation provinciale. 45 Pour moi, lorsque j'entends parler Laelia (1), ma bellemère — il est plus facile aux femmes de conserver la pureté de l'ancien accent ; comme elles n'ont pas à s'entretenir avec beaucoup de personnes, elles gardent toujours leurs premières habitudes —, donc, lorsque j'entends Laelia, c'est Plaute ou Névius que je crois entendre. Le son même de sa voix est si juste et si naturel qu'il semble bien ne présenter aucune trace d'affectation ou d'imitation ; j'en conclus que telle devait être la prononciation de son père, de ses ancêtres ; l'articulation n'est ni rauque, comme celle de l'orateur dont je parlais (2), ni empâtée, ni rustique, ni heurtée, mais juste, égale et douce. 46 Ainsi l'ami Cotta (3), auquel tu empruntes parfois, Sulpicius, sa prononciation pesante, qui supprime les *i* et traîne sur les *e*, semble bien imiter, non pas les anciens orateurs, mais les travailleurs agricoles. »

Ces paroles firent sourire Sulpicius lui même.

« Attendez-vous de ma part, puisque vous avez voulu me faire parler, dit Crassus, à ce que, le cas échéant, je relève vos défauts.

— Plaise au ciel ! repartit Sulpicius. C'est justement ce que nous désirons, et, si tu agis ainsi, nous pouvons espérer nous débarrasser ici aujourd'hui d'un bon nombre d'entre eux.

— 47 Il y a tout de même danger pour moi à te critiquer, Sulpicius, reprit Crassus. Antoine n'a t il pas dit que je lui paraissais te ressembler beaucoup (4) ?

— Oui, dit Sulpicius, mais il nous a recommandé aussi d'imiter dans nos modèles ce qu'ils ont de meilleur (5), et je crains de n'avoir imité chez toi que ta manière de frapper du pied, quelques expressions, tout au plus peut-être quelques gestes.

audio, ut Plautum mihi aut Naeuium uidear audire; sono ipso uocis ita recto et simplici est, ut nihil ostentationis aut imitationis afferre uideatur; ex quo sic locutum esse eius patrem iudico, sic maiores; non aspere ut ille, quem dixi, non uaste, non rustice, non hiulce, sed presse et aequabiliter et leuiter. **46** Quare Cotta noster, cuius tu illa lata, Sulpici, non numquam imitaris, ut Iota litteram tollas et E plenissimum dicas, non mihi oratores antiquos sed messores *uidetur* imitari.

Hic cum arrisisset ipse Sulpicius : Sic agam uobiscum, inquit Crassus, ut quoniam me loqui uoluistis, aliquid de uestris uitiis audiatis.

Vtinam quidem! inquit ille; id enim ipsum uolumus idque si feceris, multa, ut arbitror, hic hodie uitia ponemus.

47 At enim non sine meo periculo, Crassus inquit, possum, Sulpici, te reprendere, quoniam Antonius mihi te simillimum dixit sibi uideri.

Tum ille: Tu *uero*, quod monuit idem, ut ea, quae in quoque maxima essent, imitaremur; ex quo uereor ne nihil sim tui nisi supplosionem pedis imitatus et pauca quaedam uerba et aliquem, si forte, motum.

Ergo ista, inquit Crassus, quae habes a me, non reprendo, ne me ipsum irrideam; sunt autem *ea* multo et plura et maiora quam dicis; quae autem sunt aut

45 leuiter *LV* : leniter *OP*.
46 uidetur *vulg.* : uideris *codd.*
47 Tu uero *Schuetz* : tum quod *VOP* ‖ ex quo — imitatus *habet* NON. *p.* 175 *M.* ‖ nis i*LO*²*P*² NON. : nihil *VO*¹*P*¹ ‖ ea *Kayser* : mea *VOP*.

— Je me garde donc bien, dit Crassus, de critiquer ce que tu tiens de moi ; ce serait me moquer de moi-même ; aussi bien m'as-tu emprunté beaucoup plus de choses et de plus importantes que tu ne le dis. Quant à ce qui t'est bien personnel ou que tu reproduis par l'imitation d'un autre, je ne manquerai pas, si l'occasion m'y invite, de te le signaler.

Deuxième précepte : parler clairement (48-51)

XIII. **48** « Laissons donc de côté les préceptes relatifs à la pureté du latin ; on les apprend dans les leçons données aux enfants ; on s'y fortifie par l'étude mieux raisonnée que fournit l'enseignement élémentaire ou par la pratique journalière de la conversation dans la famille ; on s'y perfectionne par les livres, comme par la lecture des vieux orateurs, des vieux poètes. N'insistons pas longtemps non plus sur le second point, à savoir les moyens de nous exprimer avec une parfaite clarté. **49** Il est évident qu'ils consistent à parler un latin pur, avec des mots usités et qui expriment d'une façon précise ce qu'on veut énoncer et mettre en lumière, à ne pas employer de périodes trop longues, à ne pas prolonger les métaphores empruntées à la comparaison d'autres objets, à ne pas violer les rapports de temps, à ne pas confondre les personnes, à ne pas embrouiller le plan. Sans insister, tout cela me semble si facile que je suis souvent très étonné qu'on ait plus de peine à comprendre l'avocat qu'on n'en aurait à comprendre celui qui a recours à un avocat, s'il exposait lui même l'affaire. **50** Aussi bien ceux qui viennent nous confier leurs causes nous renseignent-ils eux-mêmes presque toujours avec une clarté qui ne laisse rien à désirer. Que Fufius ou votre (1) con-

(1) Crassus s'adresse à Sulpicius et à Cotta.

tua plane aut imitatione ex aliquo expressa, de his te, si qui me forte locus admonuerit, commonebo.

XIII. **48** Praetereamus igitur praecepta latine loquendi, quae puerilis doctrina tradit et subtilior cognitio ac ratio litterarum alit aut consuetudo sermonis cotidiani ac domestici, libri confirmant et lectio ueterum oratorum et poetarum. Neque uero in illo altero diutius commoremur, ut disputemus quibus rebus assequi possimus ut ea quae dicamus intellegantur, **49** latine scilicet dicendo, uerbis usitatis ac proprie demonstrantibus ea quae significari ac declarari uolemus, [sine ambiguo uerbo aut sermone], non nimis longa continuatione uerborum, non ualde productis iis quae similitudinis causa ex aliis rebus transferuntur, non discerptis sententiis, non praeposteris temporibus, non confusis personis, non perturbato ordine. Quid multa ? tam facilis est tota res, ut mihi permirum saepe uideatur, cum difficilius intellegatur quid patronus uelit dicere, quam si ipse ille, qui patronum adhibet, de re sua diceret. **50** Isti enim, qui ad nos causas deferunt, ita nos plerumque ipsi docent ut non desideres planius dici. Easdem res autem simul ac Fufius aut uester aequalis Pomponius agere coepit, non aeque quid dicant, nisi admodum attendi, intellego ; ita confusa est oratio, ita perturbata, nihil ut sit primum, nihil ut secundum, tantaque insolentia ac turba uerborum, ut oratio, quae lumen adhibere rebus debet, ea obscuritatem et tenebras afferat atque ut quodam modo ipsi sibi in dicendo

49 sine — sermone *secl. ut glossema.*

temporain Pomponius se mettent ensuite à plaider cette affaire, je ne puis les comprendre sans une extrême attention ; leur discours est tellement confus et embrouillé que rien n'est le premier point, rien le second ; c'est un entassement désordonné de mots extraordinaires, au point que leur plaidoyer, qui devrait porter la lumière sur les faits, les noie, au contraire, d'obscurité et de ténèbres ; on dirait que, par ce vain bruit, ils cherchent à couvrir leurs propres paroles. 51 Mais, si vous le voulez bien, comme ces considérations, je l'espère, vous semblent passablement ennuyeuses et pédantesque, du moins à ceux de vous qui sont plus âgés, passons à d'autres qui seront encore plus rebutantes.

— XIV. Tu vois, n'est-ce pas, dit Antoine, comme nous sommes distraits, nous qui pouvons nous laisser persuader, si j'en juge par moi, de tout abandonner pour te suivre ; vraiment, à une matière rébarbative, ta parole sait communiquer de l'éclat, à une matière pauvre, de l'abondance, à une matière rebattue, de la nouveauté.

Troisième précepte : parler avec élégance et convenance (52-55)

— 52 Faciles à traiter, Antoine, reprit Crassus, étaient les deux points dont je viens de parler rapidement ou plutôt que j'ai effleurés en passant, à savoir la bonne latinité et la clarté du langage. Les autres sont importants, compliqués, variés, difficiles, et là se fait vraiment admirer le génie, vraiment triomphe l'éloquence. On n'a jamais admiré un orateur, parce que son langage était du latin correct. S'il manque à ce devoir, on se moque de lui ; on ne le regarde pas comme un orateur, ni même comme un homme. On n'a jamais comblé d'éloges celui qui savait parler de manière à être compris de son auditoire ; mais on méprise celui qui n'y peut réussir. 53 Quel est donc l'homme qui fait frissonner une assemblée ? qui, lorsqu'il

obstrepere uideantur. **51** Verum, si placet, quoniam haec satis spero uobis quidem certe maioribus *natu* molesta et putida uideri, ad reliqua aliquanto odiosiora pergamus.

XIV. Atqui uides, inquit Antonius, *quam* alias res agamus, [quam te inuiti *audiamus*], qui adduci possimus — de me enim conicio — relictis ut omnibus rebus te sectemur, te audiamus ; ita de horridis rebus nitida, de ieiunis plena, de peruulgatis noua quaedam est oratio tua.

52 Faciles enim, inquit, Antoni, partes eae fuerunt duae, quas modo percucurri uel potius paene praeterii, latine loquendi planeque dicendi ; reliquae sunt magnae, implicatae, uariae, graues, quibus omnis admiratio ingeni, omnis laus eloquentiae continetur. Nemo enim umquam est oratorem, quod latine loqueretur, admiratus. Si est aliter, irrident, neque eum oratorem tantummodo, sed hominem non putant. Nemo extulit eum uerbis, qui ita dixisset, ut qui adessent intellegerent quid diceret, sed contempsit eum, qui minus id facere potuisset. **53** In quo igitur homines exhorrescunt ? quem stupefacti dicentem intuentur ? in quo exclamant ? quem deum, ut ita dicam, inter homines putant ? Qui distincte, qui explicate, qui abundanter, qui illuminate et rebus et uerbis dicunt et in ipsa oratione quasi quendam numerum uersumque conficiunt, id est quod

51 quoniam — uideri *habet* NON. *p.* 450 *M.* || natu *add.* NON. || quam alias *Manuce :* cum a. *codd.* || quam — audiamus *secl. Bake* || inuiti *vulg. :* in uitia *VOP* || audiamus *vulg. om. codd.*
53 Qui distincte — conficere *(sic) habet* IVLIVS VICTOR *H* 445, 2 *sqq.* || et rebus et uerbis *codd. :* et u. et r. VICT.

parle, retient sur lui tous les regards interdits? qui arrache des cris d'admiration ? qui semble presque un dieu parmi les mortels ? Celui dont le style a de la variété, de la netteté, de l'ampleur, qui sait mettre en lumière des pensées et les mots, et qui, s'exprimant en prose, crée comme une sorte de rythme et de cadence poétique ; bref ce que j'entends par brillant. Qu'il sache d'ailleurs régler cette élocution d'après les considérations de circonstances et de personnes, il méritera d'être loué pour ce genre de mérite, que j'appelle de justesse et de convenance.

Courte digression sur les rapports entre l'éloquence et la vertu.

54 « Des hommes parlant ainsi, Antoine nous a déclaré (1) qu'il n'en avait pas encore rencontré ; à ceux-là seuls pourtant il a dit qu'il fallait réserver le mot « éloquents ». Raillez donc, je vous le conseille, et méprisez tous ces gens qui s'imaginent, grâce aux préceptes des personnages que l'on appelle aujourd'hui rhéteurs, avoir saisi tous les secrets de l'art oratoire, et qui n'ont pu encore comprendre quel rôle ils ont à jouer, quels devoirs leur profession leur impose. Le véritable orateur, puisque la vie humaine tout entière est le domaine où il se meut, la matière sur laquelle il travaille, aura examiné, entendu, lu, discuté, traité, agité toutes les questions qui s'y rattachent. 55 L'éloquence, en effet, est vraiment au nombre des principales vertus ; et je sais bien que les vertus sont toutes égales entre elles et de même degré ; néanmoins certaines nous apparaissent plus belles extérieurement et plus éclatantes que les autres. Telle est cette puissance dont nous parlons, qui, embrassant l'ensemble des connaissances, traduit avec des mots les sentiments et les pensées de l'âme, de manière

(1) Livre I, § 94.

dico ornate. Qui idem ita moderantur, ut rerum, ut personarum dignitates ferunt, ii sunt in eo genere laudandi laudis, quod ego aptum et congruens nomino.

54 Qui ita dicerent, eos negauit adhuc se uidisse Antonius et eis hoc nomen dixit eloquentiae solis esse tribuendum. Quare omnes istos me auctore deridete atque contemnite, qui se horum, qui nunc ita appellantur, rhetorum praeceptis omnem oratorum uim complexos esse arbitrantur neque adhuc quam personam teneant aut quid profiteantur intellegere potuerunt. Vero enim oratori, quae sunt in hominum uita, quando quidem in ea uersatur orator atque ea est ei subiecta materies, omnia quaesita, audita, lecta, disputata, tractata, agitata esse debent. **55** Est enim eloquentia una quaedam de summis uirtutibus; quamquam sunt omnes uirtutes aequales et pares, sed tamen est species alia magis alia formosa et illustris; sicut haec uis, quae scientiam complexa rerum sensa mentis et consilia sic uerbis explicat, ut eos, qui audiant, quocumque incubuerit possit impellere; quae quo maior est uis, hoc est magis probitate iungenda summaque prudentia; quarum uirtutum expertibus si dicendi copiam tradiderimus, non eos quidem oratores effecerimus, sed furentibus quaedam arma dederimus.

XV. **56** Hanc, *in*quam, cogitandi pronuntiandique

53 Qui idem *vulg.* : quidem *codd.*
54 deridete *vulg.* : dein ridete *codd.* ‖ Vero — esse debent *habet* QVINT. 2, 21, 16 ‖ Vero QVINT : uerum *VOP.*
55 Est enim — uirtutibus *habet* QVINT. 2, 20, 9.
56 inquam *vulg.* : quam *codd.*

à entraîner l'auditeur du côté où elle applique son effort. Mais, plus sa puissance est grande, plus il faut que s'y joignent une haute probité et une sagesse exemplaires. A des hommes privés de ces vertus donner les moyens de parler, ce n'est pas en faire des orateurs, c'est mettre en quelque sorte des armes aux mains de forcenés.

Digression sur la nécessité de la culture philosophique pour l'orateur (56-95)

XV. **56** « Oui, cette méthode de réflexion et d'élocution, cette puissance de parole, voilà ce que les anciens Grecs appelaient sagesse. C'est elle qui forma, chez eux, les Lycurgue, les Pittacus, les Solon, et chez nous, à leur image, les Coruncanius, les Fabricius, les Caton, les Scipion, moins instruits peut-être que ceux-là, mais leur ressemblant par l'élan et les aspirations de leur intelligence. D'autres, avec les mêmes lumières, mais des idées différentes sur les occpations de la vie, préférant la retraite et le calme, comme Pythagore, Démocrite, Anaxagore, renoncèrent au gouvernement des États pour se livrer tout entiers à l'étude de la nature. Cette existence, à cause de sa tranquillité et des charmes de la science prise en elle-même, charme supérieur à toutes les jouissances du monde, attira les sages plus souvent qu'il n'eût fallu pour les cités. **57** Aussi, lorsque ces génies hors de pair se furent consacrés à cette étude, profitant de ce qu'ils étaient dégagés de tout souci et libres de leur temps, ces hommes très savants, riches d'un loisir absolu et d'un génie si fécond, crurent-ils bon d'appliquer leur ardeur, leurs recherches et leurs investigations à beaucoup plus d'objets qu'il n'était nécessaire.

« Car autrefois, à ce qu'il semble, la science dont je parlais tout à l'heure enseignait en même temps à bien faire et à bien dire. Les maîtres (1) n'étaient pas distincts ; c'est le même qui préparait à la vie et à la parole : ainsi,

rationem uimque dicendi ueteres Graeci sapientiam nominabant. Hinc illi Lycurgi, hinc Pittaci, hinc Solones atque ab hac similitudine Coruncanii nostri, Fabricii, Catones, Scipiones fuerunt, non tam fortasse docti sed impetu mentis simili et uoluntate. Eadem autem alii prudentia, sed consilio ad uitae studia dispari, quietem atque otium secuti, ut Pythagoras, Democritus, Anaxagoras, a regendis ciuitatibus totos se ad cognitionem rerum transtulerunt; quae uita propter tranquillitatem et propter ipsius scientiae suauitatem, qua nihil est hominibus iucundius, pluris, quam utile fuit rebus publicis, delectauit. **57** Itaque, ut ei studio se excellentissimis ingeniis homines dediderunt, ex ea summa facultate uacui ac liberi temporis, multo plura, quam erat necesse, doctissimi homines otio nimio et ingeniis uberrimis affluentes curanda sibi esse ac quaerenda et inuestiganda duxerunt. Nam uetus quidem illa doctrina eadem uidetur et recte faciendi et bene dicendi magistra; neque diiuncti doctores, sed idem erant uiuendi praeceptores atque dicendi, ut ille apud Homerum Phoenix, qui se a Peleo patre Achilli iuueni comitem esse datum dicit ad bellum, ut [illum] efficeret oratorem uerborum actoremque rerum. **58** Sed ut homines labore assiduo et cotidiano assueti, cum tempestat*is* causa opere prohibentur, ad pilam se aut ad talos aut ad tesseras conferunt aut etiam nouum sibi ipsi aliquem excogitant in otio ludum, sic illi a negotiis publicis, tamquam ab

56 tam *cet.* : tamen $LV^1O^1P^1$.
57 illum *secl. Piderit.*
58 tempestatis *vulg.* : — tate *VOP.*

chez Homère, Phœnix, bien connu par la légende, dit avoir été donné par Pélée, le père d'Achille, comme compagnon de guerre au jeune homme, pour le rendre « habile à la parole et brave au combat (1) ». 58 Mais il arriva aux philosophes ce qui arrive aux hommes qui ont l'habitude d'un travail assidu et journalier. Ceux-ci, lorsque le mauvais temps les force à interrompre leur occupation, consacrent leur activité à la paume, aux dés, aux osselets, ou même imaginent quelque nouvelle distraction pour occuper leur loisir. De même, éloignés des affaires (2) publiques, comme de leur occupation, soit par les circonstances qui les en écartaient, soit par leur volonté qui se donnait vacance, ils consacrèrent toute leur activité, les uns à la poésie, d'autres à la géométrie, d'autres à la musique ; d'autres même, les dialecticiens, par exemple, se créèrent un nouvel objet d'étude et de distraction, et c'est dans la culture des arts inventés pour façonner les enfants aux connaissances vraiment dignes d'un homme et à la vertu, qu'ils consumèrent leur temps et leur vie tout entière.

XVI. 59 « Mais, tandis qu'on voyait des hommes, et même en grand nombre, ou bien, comme Thémistocle, comme Périclès, comme Théramène, briller dans la politique, grâce à cette sagesse, qui s'applique également et indifféremment à l'action et à la parole, ou bien ne pas se mêler eux-mêmes à la politique, mais enseigner encore cette sagesse, tels Gorgias, Thrasymaque, Isocrate, il s'en rencontra d'autres, qui, remplis de savoir et de talent, mais détournés de la vie publique et des affaires par une aversion fondée sur une vue réfléchie de l'esprit, s'en prirent à l'art de la parole et le poursuivirent de leur mépris. 60 Le plus grand fut Socrate. Au témoignage de tous les gens instruits, au jugement de la Grèce entière, par les lumières, la pénétration, la grâce et la finesse, comme par l'éloquence, la variété, l'abondance, qu'il

opere, aut temporibus exclusi aut uoluntate sua feriati, totos se alii ad poetas, alii ad geometras, alii ad musicos contulerunt, alii etiam, ut dialectici, nouum sibi ipsi studium ludumque pepererunt atque in his artibus, quae repertae sunt ut puerorum mentes ad humanitatem fingerentur atque uirtutem, omne tempus atque aetates suas consumpserunt.

XVI. **59** Sed quod erant quidam, iique multi, qui aut in re publica propter ancipitem, quae non potest esse seiuncta, faciendi dicendique sapientiam florerent, ut Themistocles, ut Pericles, ut Theramenes, aut [quiuis] qui minus ipsi in re publica uersarentur, sed huius tamen eiusdem sapientiae doctores essent, ut Gorgias, Thrasymachus, Isocrates, inuenti sunt qui, cum ipsi doctrina et ingenio abundarent, a re autem ciuili et a negotiis animi quodam judiceio abhorrerent, hanc dicendi exercitationem exagitarent atque contemnerent. **60** Quorum princeps Socrates fuit. Is, qui, omnium eruditorum testimonio totiusque iudicio Graeciae, cum prudentia et acumine et uenustate et subtilitate, tum uero eloquentia, uarietate, copia, quam se cumque in partem dedisset, omnium fuit facile princeps, iis*que* qui haec, quae nunc nos quaerimus, tractarent, agerent, docerent, cum nomine appellarentur uno, ... quod omnis rerum optimarum cognitio atque in iis exercitatio philosophia nominaretur, hoc commune nomen eripuit sapienterque sentiendi et ornate dicendi

59 quiuis *secl. vulg.*
60 iisque *Sorof* : his *L* is *VOP* is iis *Schuetz* || *Post* uno *lacunam significavi*

versait sur tous les sujets, il fut sans contredit le plus grand de ce groupe. Avant lui, ceux qui traitaient, discutaient, enseignaient ce dont nous nous occupons aujourd'hui, ... s'appelaient tous d'un même nom, parce que la connaissance et la pratique des notions les plus relevées n'avait aussi qu'un nom, la philosophie. Ce fut lui qui leur enleva ce nom, jusque-là porté en commun, et qui, par sa dialectique, sépara deux choses, liées au fond l'une à l'autre, la science de bien penser et celle d'écrire en un style brillant. **61** C'est d'alors que date cette séparation si importante je dirais volontiers (1) entre la langue et le cœur, séparation vraiment choquante, inutile, condamnable, qui imposa deux maîtres différents pour bien vivre et bien dire. En effet, comme de Socrate étaient nées en quelque sorte bien des écoles philosophiques, qui, dans ces discussions variées, opposées, poussées en tous sens, s'étaient attachées chacune à une idée, on vit se développer une série de familles, pour ainsi dire, divisées d'opinion, très distinctes et diverses, quoique tous ces philosophes voulussent être dits les continuateurs de Socrate et crussent l'être.

La philosophie post-socratique et ses conséquences pour l'art oratoire (62-77).

XVII. **62** « Et d'abord, de Platon lui-même (2) découlent Aristote et Xénocrate, qui firent prévaloir pour leur école, le premier le nom de péripatéticienne, le second, celui d'Académie ; puis d'Antisthème, qui, dans les entretiens de Socrate, s'était passionné surtout pour les leçons de patience et de fermeté, d'abord les Cyniques, ensuite les Stoïciens ; d'Aristippe, au contraire, plus séduit par les célèbres discussions sur la volupté, la philosophie cyrénaïque, doctrine que lui et ses véritables descendants défendirent franchement, tandis qu'aujourd'hui ceux qui rapportent tout à la volupté, en y mettant plus de timidité, n'en

scientiam, re cohaerentes, disputationibus suis separauit; [cuius ingenium uariosque sermones immortalitati scriptis suis Plato tradidit, cum ipse litteram Socrates nullam reliquisset]. **61** Hinc discidium illud extitit quasi linguae atque cordis, absurdum sane et inutile et reprendendum, ut alii nos sapere, alii dicere docerent. Nam cum essent plures orti fere a Socrate, quod ex illius uariis et diuersis et in omnem partem diffusis disputationibus alius aliud apprenderat, proseminatae sunt quasi familiae dissentientes inter se et multum diiunctae et dispares, cum tamen omnes se philosophi Socraticos et dici uellent et esse arbitrarentur.

XVII. **62** Ac primo ab ipso Platone Aristoteles et Xenocrates, quorum alter Peripateticorum, alter Academiae nomen obtinuit, deinde ab Antisthene, qui patientiam et duritiam in Socratico sermone maxime adamarat, Cynici primum, deinde Stoici, tum ab Aristippo, quem illae magis uoluptariae disputationes delectarant, Cyrenaica philosophia manauit, quam ille et eius posteri simpliciter defenderunt, hi, qui nunc uoluptate omnia metiuntur, dum uerecundius id agunt, nec dignitati satis faciunt, quam non aspernantur, nec uoluptatem tuentur, quam amplexari uolunt.

Fuerunt etiam alia genera philosophorum, qui se omnes fere Socraticos esse dicebant, Eretricorum, Erilliorum, Megaricorum, Pyrrhoneorum; sed ea horum ui

60 cuius ingenium — reliquisset *secl.* Courbaud *auct.*
62 deinde *VP* : dein *O* ‖ defenderunt *uulg.* : — rant *codd.* —bant *Friedrich* ‖ uoluptatem — uolunt *habet* NON. *p.* 470 *M.*

font pas assez pour la vertu, dont ils veulent tenir compte, et soutiennent mal la cause de la volupté, qu'ils déclarent embrasser.

« D'autres sectes philosophiques encore existèrent, qui presque toutes se disaient issues de Socrate, les Erétriens, les Erilliens, les Mégariens, les Pyrrhoniens ; il y a longtemps que, sous la force des attaques dialectiques des écoles actuellement florissantes, elles se sont effritées et ont disparu. **63** Parmi les écoles qui ont survécu, celle qui a entrepris de plaider pour la volupté, quand même certaines personnes la regarderaient comme conforme à la vérité, est loin de convenir à l'homme que nous cherchons (1), et dont nous voulons qu'il prenne l'initiative des mesures politiques, qu'il se consacre à la direction de l'État, et que, par ses idées et son éloquence, il règne au sénat, et devant le peuple, dans les procès qui touchent à la politique. Et en cela nous ne commettons aucun déni de justice à l'égard de cette philosophie. Nous ne la repousserons pas d'un terrain où elle voudrait entrer ; elle ne se reposera pas moins dans ces jardinets où elle se plaît, où, mollement et voluptueusement étendue, elle nous retient loin des rostres, des tribunaux, de la curie, sage dessein peut-être, surtout dans les conjonctures politiques actuelles. **64** D'ailleurs je cherche en ce moment non pas la philosophie la plus conforme à la vérité, mais bien celle qui s'accorde le mieux avec la fonction de l'orateur. Aussi congédions ces Épicuriens, sans leur adresser cependant nulle offense : ce sont de braves gens, après tout, et des gens heureux, puisqu'ils croient l'être. Seulement, lors même qu'ils seraient dans la vérité en prétendant que le sage ne doit pas se mêler de la chose publique, engageons-les à garder pour eux cette maxime comme un mystère. Car si jamais ils la faisaient

(1) L'orateur parfait.

et disputationibus sunt iam diu fracta et extincta. **63** Ex illis autem, quae remanent, ea philosophia, quae suscepit patrocinium uoluptatis, etsi cui uera uideatur, procul abest tamen ab eo uiro, quem quaerimus, et quem auctorem publici consili et regendae ciuitatis ducem et sententiae atque eloquentiae principem in senatu, in populo, in causis publicis esse uolumus. Nec ulla tamen ei philosophiae fiet iniuria a nobis. Non enim repelletur inde, quo aggredi cupiet ; sed in hortulis quiescet suis, ubi uult, ubi etiam recubans molliter et delicate nos auocat a rostris, a iudiciis, a curia, fortasse sapienter, *h*ac praesertim [a] republica. **64** Verum ego non quaero nunc quae sit philosophia uerissima, sed quae oratori coniuncta maxime. Quare istos sine ulla contumelia dimittamus (sunt enim et boni uiri, et, quoniam sibi ita uidentur, beati) tantumque eos admoneamus ut illud, etiam si est uerissimum, tacitum tamen tamquam mysterium teneant, quod negant uersari in re publica esse sapientis. Nam si hoc nobis atque optimo cuique persuaserint, non poterunt ipsi esse, id quod maxime cupiunt, otiosi.

XVIII. **65** Stoicos autem, quos minime improbo, dimitto tamen nec eos iratos uereor, quoniam omnino irasci nesciunt ; atque hanc iis habeo gratiam, quod soli ex omnibus eloquentiam uirtutem ac sapientiam esse dixerunt. Sed utcumque est in his quod ab hoc quem instruimus oratore ualde abhorreat, uel quod omnes, qui

63 hac *Lambin* : ac *codd.* || a *secl. Lambin.*

65 utcumque *Ellendt* : utr — *codd.* nimirum *Sorof* uitium *Read.*

admettre, à nous et à tous les bons citoyens, ils ne pourraient plus rester eux-mêmes dans l'état le plus souhaitable à leurs yeux, dans l'oisiveté.

XVIII. **65** « Quant aux Stoïciens, je n'ai garde de les condamner ; mais je les congédie, et je ne crains pas qu'ils en éprouvent de la colère, puisque la colère leur est absolument inconnue. Je leur sais même gré de ce que, seuls entre les philosophes, ils ont donné à l'éloquence les noms de vertu et de sagesse. Mais vraiment il y a en eux des choses trop incompatibles avec l'orateur que nous formons. Celle-ci, par exemple : à les entendre, tous ceux qui ne sont pas des sages sont des esclaves, des ennemis publics, des insensés ; d'ailleurs pas un seul sage n'existe. Or ce serait une grande absurdité que de confier le soin de haranguer le peuple, le sénat ou une assemblée quelconque, à qui serait persuadé que, parmi ses auditeurs, il n'y a pas un homme sensé, pas un citoyen, pas un homme libre. **66** En outre leur manière même de s'exprimer est peut-être précise, à coup sûr pénétrante ; mais, pour un orateur, elle est maigre, étrange, en désaccord avec le goût populaire, obscure, vide, telle qu'il est absolument impossible de l'employer devant le peuple. Car, sur les biens et les maux, les Stoïciens n'ont pas la même opinion que les autres citoyens, ou, plus exactement, que les autres nations, et ils ne définissent pas de la même façon ce qui constitue l'honneur, l'ignominie, les récompenses et les supplices. Ont-ils tort ou non ? Peu importe pour l'instant. Mais, si nous suivions leurs principes, il n'est pas une cause que notre discours réussirait à débrouiller.

67 « Restent les Péripatéticiens et les Académiciens. Ceux-ci, d'ailleurs, forment deux groupes sous un même nom. D'une part il y eut Speusippe, fils d'une sœur de Platon, Xénocrate. disciple de Platon, Polémon et Crantor, disciples de Xénocrate ; aucun d'eux, sur un point important, ne s'écarte d'Aristote, leur condisciple chez

sapientes non sint, seruos, [latrones], hostes, insanos esse dicunt, neque tamen quemquam esse sapientem. Valde autem est absurdum ei contionem aut senatum aut ullum coetum hominum committere, cui nemo illorum qui adsint sanus, nemo ciuis, nemo liber esse uideatur. **66** Accedit quod orationis etiam genus habent fortasse subtile et certe acutum, sed ut in oratore exile, inusitatum, abhorrens ab auribus uulgi, obscurum, inane, ieiunum ac tamen eius modi, quo uti ad uulgus nullo modo possit; alia enim et bona et mala uidentur Stoicis et ceteris ciuibus uel potius gentibus, alia uis honoris, ignominiae, praemi, supplici, uere an secus, nihil ad hoc tempus, sed ea si sequamur, nullam umquam rem dicendo expedire possimus.

67 Reliqui sunt Peripatetici et Academici; quamquam Academicorum nomen est unum, sententiae duae. Nam *Speu*ippus, Platonis sororis filius, et Xenocrates, qui Platonem audierat, et qui Xenocratem Polemo et Crantor nihil ab Aristotele, qui una audierat Platonem, magno opere dissensit; copia fortasse et *certe* uarietate dicendi pares non fuerunt. Arcesilas primum, qui Polemonem audierat, ex uariis Platonis libris sermonibusque Socraticis hoc maxime arripuit, nihil esse certi quod aut sensibus aut animo percipi possit; quem ferunt eximio quodam usum lepore dicendi aspernatum esse omne animi sensusque iudicium, primumque instituisse — quamquam id fuit Socraticum maxime —, non quid

65 sint *LV* : sunt *OP* (u *expunct.*) || latrones *secl. Pearce.*
66 tamen *codd.* : tandem *Lambin* totum *Ernesi.*
67 Speusippus *vulg.* : Chrys — *VOP* || certe *add.*

Platon ; pour l'abondance peut-être et sûrement pour la variété du discours ils ne furent pas ses égaux. Arcésilas, disciple de Polémon, le premier, dans les différents écrits de Platon et les entretiens socratiques, s'empara surtout de cette idée que ni les sens ni l'esprit ne nous apportent aucune connaissance certaine. On dit qu'il employait le charme vraiment exceptionnel de sa parole à rejeter tout jugement de l'esprit et des sens, et que, le premier — d'ailleurs c'était là un procédé bien socratique —, il adopta comme méthode non point d'établir son opinion, mais au contraire de prendre celle qu'avaient énoncée les autres et de la discuter. **68** C'est de lui que dérive la nouvelle Académie, encore vivante, où Carnéade se distingua par une vivacité de génie et une abondance verbale merveilleuses. J'ai pu connaître personnellement à Athènes beaucoup de ses auditeurs ; mais il me suffira de nommer deux autorités très dignes de foi, mon beau-père Scévola qui, dans son adolescence l'entendit à Rome, et mon illustre ami Quintus Métellus, fils de Lucius, lequel m'a dit qu'à Athènes, étant adolescent, il avait suivi pendant plusieurs jours les leçons du philosophe, déjà fort avancé en âge.

XIX. **69** « De même que les fleuves tombant de l'Apennin, ainsi, tous descendus des hauteurs de la sagesse, les genres dont je parlais ont pris des directions différentes. Les philosophes furent portés comme vers une mer Supérieure (1), mer vraiment grecque, aux ports nombreux ; les orateurs, au contraire, vers la mer Inférieure (2), toute nôtre, flots dangereux, hérissés d'écueils, où se serait égaré Ulysse même. **70** C'est pourquoi nous contenter de l'éloquence actuellement enseignée et de l'orateur formé par elle et dressé à savoir qu'il faut ou

(1) La mer Adriatique.
(2) La mer Tyrrhénienne.

ipse sentiret ostendere, sed contra id, quod quisque se sentire dixisset, *dis*putare. **68** Hinc haec recentior Academia manauit, in qua extitit diuina quadam celeritate ingeni dicendique copia Carneades ; cuius ego etsi multos auditores cognoui Athenis, tamen auctores certissimos laudare possum et socerum meum Scaeuolam, qui eum Romae audiuit adulescens, et Q. Metellum L. F. familiarem meum, clarissimum uirum, qui illum a se adulescente Athenis iam affectum senectute multos dies auditum esse dicebat.

XIX. **69** Haec autem, ut ex Appennino fluminum, sic e communi sapienti*ae* iugo sunt doctrinarum facta diuortia ut philosophi tamquam in Superum mare [Ionium] defluerent, Graecum quoddam et portuosum, oratores autem in Inferum hoc [Tusum et barbarum] scopulosum atque infestum laberentur, in quo etiam ipse Vlixes errasset. **70** Quare, si hac eloquentia atque hoc oratore contenti sumus, qui sciat aut negare oportere quod arguare, aut, si id non possis, tum ostendere quod is fecerit, qui insimuletur, aut recte factum aut alterius culpa aut iniuria aut ex lege aut non contra legem aut imprudentia aut necessario aut *non* eo nomine usurpandum quo arguatur, aut non ita agi ut debuerit ac licuerit, et, si satis esse putatis ea, quae isti scriptores artis docent, discere, quae multo tamen ornatius, quam ab illis dicuntur, et uberius explicauit Antonius — sed, si his contenti estis atque iis etiam,

67 disputare *vulg.* : putare *VOP.*
69 sic e — diuortia *habet* NON. *p.* 290 *M* ‖ sapientiae NON. : — tium *codd.* ‖ Ionium *et* Tuscum et barbarum *secl. Kayser.*
70 non *vulg.* : in *codd.* ‖ si his *VO* : si istis *P.*

bien nier ce dont on est accusé, ou bien, si la chose ne se peut, établir que l'acte incriminé a été accompli à bon droit, ou par la faute d'un autre, ou pour se défendre d'une injure (1), qu'il est conforme a la loi ou n'y est pas contraire, qu'il a été commis par l'imprudence ou par une nécessité inéluctable, qu'il ne mérite pas la dénomination que lui donne l'accusateur, que l'accusation n'a pas été intentée selon les règles et les formes prescrites, croire suffisant de borner les obligations de l'orateur à connaître ces règles qu'enseignent les théoriciens (2) — Antoine d'ailleurs les a développées (3) avec bien plus d'élégance et de fécondité que ces personnages —, bref, vous contenter de cette doctrine, même en y ajoutant ce que vous avez voulu entendre de ma bouche, c'est, pour ainsi dire, de la carrière vaste et sans limites qui s'ouvre devant l'orateur, le ramener dans un manège singulièrement étroit. 71 Mais si vous voulez imiter le grand Périclès, ou mieux, plus près de nous, un homme que le nombre de ses écrits nous a rendu plus familier, Démosthène ; si vous êtes épris de passion pour l'image éclatante et rare de l'orateur idéal et pour la beauté parfaite, alors il vous faut embrasser dans toute sa portée la doctrine de Carnéade, ou celle, plus ancienne, d'Aristote.

72 « En effet, comme je l'ai dit (4), dans l'ancienne philosophie, jusqu'à Socrate, la connaissance approfondie de tous les points de tout ce qui intéresse les mœurs, la conduite de la vie, la vertu, le gouvernement des États, n'était pas séparée de l'art de la parole. Puis cet accord fut rompu, ainsi que je l'ai exposé (5), par Socrate et toute la suite des Socratiques ; les philosophes méprisèrent l'éloquence, les orateurs la philosophie, et il n'y eut plus entre eux le moindre contact, sauf quand ils eurent à se faire des emprunts réciproques, tandis qu'ils auraient puisé

(1) Au sens juridique du mot, c'est-à-dire d'une atteinte, par paroles ou par actes, à la dignité d'une personne libre.

quae dici uoluistis a me, ex ingenti quodam oratorem immensoque campo in exiguum sane gyrum compellitis. **71** Sin ueterem illum Periclem aut hunc etiam, qui familiarior nobis propter scriptorum multitudinem est, Demosthenem sequi uultis, et si illam praeclaram et eximiam speciem oratoris perfecti et pulchritudinem adamastis, aut uobis haec Carneadia aut illa Aristotelia uis comprendenda est.

72 Namque, ut ante dixi, ueteres illi usque ad Socratem omnem omnium rerum, quae ad mores hominum, quae ad uitam, quae ad uirtutem, quae ad rem publicam pertinebant, cognitionem et scientiam cum dicendi ratione iungebant; postea dissociati, ut exposui, a Socrate [diserti a doctis] et deinceps a Socraticis item omnibus, philosophi eloquentiam despexerunt, oratores sapientiam, neque quicquam ex alterius parte tetigerunt, nisi quod illi ab his aut ab illis hi mutuarentur; ex quo promisce haurirent, si manere in pristina communione uoluissent. **73** Sed ut pontifices ueteres propter sacrificiorum multitudinem tris uiros epulones esse uoluerunt, cum essent ipso a Numa ut etiam illud ludorum epulare sacrificium facerent instituti, sic Socratici a se causarum actores et a communi philosophiae nomine separauerunt, cum ueteres dicendi et intellegendi mirificam societatem esse uoluissent.

70 oratorem *uulg.* : — re *VOP*.
71 hunc etiam — multitudinem est *habet* NON. *p.* 142 *M*.
72 Socratem *uulg.* : Isoc— *VOP* || diserti (des— *VOP*) a doctis *secl.* *Mueller*.
73 Sed ut — uoluerunt *habet* NON. *p.* 142 *M*. || tres uiros epulones *habet* PRISC. *K* II 121, 18 || sacrificiorum *codd.* : sacrorum NON.

à une source commune, s'ils avaient voulu maintenir la communauté primitive. **73** Mais, de même que le grand nombre des sacrifices amena autrefois les pontifes à créer les trois épulons, bien que, selon l'institution de Numa, le banquet accompagnant les jeux (1) fît, lui aussi, partie de leur emploi, de même les disciples de Socrate ont rejeté de leurs rangs les avocats et leur ont enlevé le nom de philosophes qui était commun aux deux groupes, alors que, dans la conception des anciens, entre la pensée et la parole devait exister une alliance féconde.

XX **74** « Ceci bien entendu, deux mots pour vous supplier de me mettre hors de cause, et de croire que, parlant comme je vais le faire, ce n'est pas de moi que je parle, mais de l'orateur en général. Car si, dans mes jeunes années, mon père a veillé avec le plus grand zèle à mon instruction, et si j'ai apporté au forum les seules dispositions naturelles que je me connais et non toutes celles que vous me supposez peut-être, je dois avouer que cet ensemble de connaissances que j'ai en vue n'a pas été acquis par moi comme je dirai qu'elles doivent l'être. C'est que je me suis présenté, plus jeune que n'importe qui, pour plaider des causes politiques, et j'avais tout juste vingt et un ans lorsque j'appelais devant la justice un homme d'un très grand nom et d'une très grande éloquence (2). Je n'ai eu d'autre école que le forum, d'autres maîtres que l'expérience, nos lois, les institutions du peuple romain, les usages des ancêtres. **75** Malgré ma soif de ces connaissances dont je vous parle, j'y ai peu goûté ; c'était pendant ma questure en Asie, où je trouvai un rhéteur de l'école académique, qui était à peu près de mon âge, ce Métrodore, dont Antoine vous a cité (3)

(1) Il s'agit de l'*epulum Jovis*, repas public organisé au Capitole, le 13 novembre, à l'occasion des jeux plébéiens.

(2) C. Papirius Carbo, l'un des chefs du parti démocratique.

(3) Livre II, § 360.

XX. **74** Quae cum ita sint, paululum equidem de me deprecabor et petam a uobis ut ea, quae dicam, non de memet ipso sed de oratore dicere putetis. Ego enim sum is qui, cum summo studio patris in pueritia doctus essem et in forum ingeni tantum quantum ipse sentio, non tantum quantum [ipse] forsitan uobis uidear, detulissem, non possim dicere me haec, quae nunc complector, perinde ut dicam discenda esse, didicisse, quippe qui omnium maturrime ad publicas causas accesserim annosque natus unum et uiginti nobilissimum hominem et eloquentissimum in iudicium uocarim ; cui disciplina fuerit forum, magister usus et leges et instituta populi Romani mosque maiorum. **75** Paululum sitiens istarum artium, de quibus loquor, gustaui, quaestor in Asia quom essem, aequalem fere meum ex Academia rhetorem nactus Metrodorum illum, de cuius memoria commemorauit Antonius, et inde decedens Athenis, ubi ego diutius essem moratus, nisi Atheniensibus, quod mysteria non referrent, ad quae biduo serius ueneram, suscensuissem.

Quare hoc, quod complector tantam scientiam uimque doctrinae, non modo non pro me, sed contra me est potius — non enim quid ego, sed quid orator possit disputo — atque hos omnis, qui artis rhetoricas exponunt, perridiculos. Scribunt enim de litium genere et de principiis et de narrationibus. **76** Illa uis autem eloquentiae tanta est, ut omnium rerum, uirtutum, officiorum, omnisque naturae, quae mores hominum, quae animos,

74 ipse *secl. Ernesti.*

l'étonnante mémoire, puis, en revenant d'Asie, à Athènes, où je me serais arrêté davantage, si je n'avais su mauvais gré aux Athéniens de n'avoir pas voulu recommencer la célébration de leurs mystères, pour lesquels j'étais arrivé deux jours trop tard.

Aussi, quand j'ai en vue cette vaste science, ces connaissances efficaces, je suis loin de parler en ma faveur, je parle plutôt contre moi — car il ne s'agit pas de ce que je possède, mais de ce que doit posséder l'orateur en général — et contre tous ces rhéteurs si ridicules avec leurs préceptes sur les genres de cause, les exordes et les narrations. **76** La véritable éloquence est d'une bien autre envergure : l'ensemble des choses, des vertus, des devoirs, de ces lois naturelles, qui résument le caractère, l'âme, la conduite des hommes, voilà ce dont elle connaît l'origine, la nature, les modifications ; elle définit aussi les coutumes, les lois, le droit ; elle préside à la direction des États, et, quels que soient les sujets, elle les traite tous en un style brillant et abondant. **77** Pour moi j'ai pénétré sur ce domaine dans la mesure de mes forces, dans la mesure où me l'ont permis le talent naturel, une moyenne instruction et l'expérience acquise, sans que toutefois, dans la discussion, je cède beaucoup de terrain à ceux qui ont comme dressé la tente de leur vie sur le terrain de la seule philosophie.

Retour à l'idée que l'orateur doit être un philosophe (78-95)

XXI. **78** « Quel argument mon ami C. Velleius pourrait-il apporter pour prouver que la volupté est le souverain bien, que je ne fusse en état, si je le voulais, de soutenir ou de réfuter, et avec plus d'abondance, grâce aux sources de développement dont Antoine nous a parlé (1), et grâce à cette habitude de la parole qui manque à Velleius et que possède chacun de nous ? Est-il rien que Sextus Pompée ou les deux Balbus

quae uitam continet, originem, uim mutationesque teneat, eadem mores, leges, iura describat, rem publicam regat, omniaque, ad quamcumque rem pertineant, ornate copioseque dicat. **77** In quo genere nos quidem uersamur tantum quantum possumus, quantum ingenio, quantum mediocri doctrina, quantum usu ualemus ; neque tamen istis, qui in una philosophia quasi tabernaculum uitae suae collocarunt, multum sane in disputatione concedimus.

XXI. **78** Quid enim meus familiaris *C.* Velleius afferre potest, quam ob rem uoluptas sit summum bonum, quod ego non copiosius possim uel tutari, si uelim, uel refellere, ex illis locis, quos exposuit Antonius, hac dicendi exercitatione, in qua Velleius est rudis, unus quisque nostrum uersatus ? Quid est quod aut Sex. Pompeius aut duo Balbi aut meus amicus, qui cum Panaetio uixit, M. Vigellius de uirtute hominum Stoici possint dicere, qua in disputatione ego his debeam aut uestrum quisquam concedere ? **79** Non est enim philosophia similis artium reliquarum. Nam quid faciet in geometria qui non didicerit ? quid in musicis ? Aut taceat oportebit aut ne sanus quidem iudicetur. Haec uero, quae sunt in philosophia, ingeniis eruuntur ad id, quod in quoque ueri simile est, eliciendum acutis atque acribus eaque exercitata oratione poliuntur. Hic noster uulgaris orator, si minus *erit* doctus, ac

76 omniaque *Gruter* : omnia quae *VOP*.
78 Quid *VO* : qui *P* || C. *uulg.* : Gallus *codd.* || hominum Stoici : *secl. Bake* homines St. *uulg.* omni St. *Wilkins.*
79 Hic *VO*[1] : hic hic *O*[2]*P* hinc hic *Pearce* || erit *uulg.* : est *VOP*.

ou mon ami M. Vigellius, qui a vécu près de Panétius, puissent, tout stoïciens qu'ils sont, produire de si décisif sur la vertu, que nous devions, dans la discussion, moi ou l'un d'entre nous, nous incliner devant eux ? **79** C'est qu'il n'en est pas de la philosophie comme des autres connaissances. Que dire sur la géométrie, sans l'avoir apprise ? ou sur la musique ? Il faut se taire ou donner l'impression qu'on n'a même pas son bon sens. Au contraire les questions philosophiques se laissent pénétrer par les esprits vifs et subtils qui tirent de chacune d'elles ce qu'elles ont de vraisemblable, et, grâce à leur habitude de la parole, l'exposent sous une forme châtiée. Sur de pareils sujets, notre orateur, même ordinaire, même d'une culture médiocre, mais habitué à parler, trouvera dans cette seule habitude courante de quoi infliger une leçon à ces philosophes, et ne leur permettra plus de le traiter avec mépris et avec hauteur. **80** Mais si jamais il se rencontre un homme capable, suivant la méthode d'Aristote, de soutenir sur toutes les questions le pour et le contre, et, fort de ses préceptes, de traiter complètement dans la même cause les deux thèses opposées ; ou s'il peut, comme nous avons dit (1) que le firent Arcésilas et Carnéade, combattre toute proposition qui sera mise en avant ; si enfin à cette formation théorique il sait joindre cette habitude et cet exercice de la parole que nous possédons, ce sera le vrai, le parfait, le seul orateur. Car, sans le nerf que l'on prend au forum, l'orateur manquera de véhémence et de force, et, sans variété de connaissances, il manquera d'élégance et de fond.

81 « Laissons donc, nous, le médiocre et vieux Corax chasser (2) ses petits corbeaux (3) de son nid et leur donner la volée quand ils sont devenus d'odieux, d'insupportables

(1) Voir §§ 67 et 68.
(2) C'était un des premiers rhéteurs grecs.
(3) Ne pas oublier que Corax, en grec, veut dire « corbeau ».

tamen in dicendo exercitatus, hac ipsa exercitatione communi istos quidem [nostros] uerberabit neque se ab iis despici ac contemni sinet. **80** Sin aliquis extiterit aliquando, qui Aristotelio more de omnibus rebus in utramque *partem* possit dicere et in omni causa duas contrarias orationes, praeceptis illius cognitis, explicare, aut hoc Arcesilae modo et Carneadi contra omne quod propositum sit disserat quique ad eam rationem adiungat hunc [rhetoricum] usum [moremque] exercitationemque dicendi, is sit uerus, is perfectus, is solus orator. Nam neque sine forensibus neruis satis uehemens et grauis nec sine uarietate doctrinae satis politus et sapiens esse orator potest.

81 Quare Coracem istum u*eter*em patiamur nos quidem pullos suos excludere in nido, qui evolent clamatores odiosi ac molesti, Pamphilumque nescio quem sinamus in infulis tantam rem tamquam puerilis delicias aliquas depingere nosque ipsi hac tam exigua disputatione hesterni et hodierni diei totum oratoris munus explicemus, dummodo illa res tanta sit, ut omnibus philosophorum libris, quos nemo [oratorum] istorum umquam attigit, comprensa esse uideatur.

XXII. **82** Tum Catulus: Haudquaquam hercle, inquit,

79 attamen *OP*[2] *:* ac t. *LVP*[1] || nostros *secl. Ernesti :* doctos *Sorof* magistros *Adler* philosophos *Piderit* || despici ac contemni *ego clausulae causa :* c. ac d. *VOP* contemni despicique *aliquot codd. det.*

80 partem *vulg. :* partem sententiam *codd. dett.* sententiam *VOP* || rhetoricum *secl. Schuetz* || moremque *secl. Lambin.*

81 Quare — excludere *habet* NON. *p.* 82 *M* || ueterem *Bake :* uestrum *codd.* NON. || odiosi ac *VO :* odiosi et *P* || oratorum *secl. Henrichsen :* rhetorum *Pearce.*

criards ; laissons je ne sais quel Pamphile (1) dessiner sur des bandes d'étoffe une chose aussi importante, comme on fait d'un amusement pour les enfants. Quant à nous, que cette courte discussion d'hier et d'aujourd'hui nous suffise pour exposer tout ce qui concerne la fonction de l'orateur, mais que ceci soit bien entendu : l'éloquence est quelque chose de si grand que son domaine s'étend à toutes les matières contenues dans tous les livres des philosophes, ouvrages qu'aucun de ces petits esprits (2) n'a jamais abordés.

— XXII. **82** En vérité, dit Catulus, il ne faut pas s'étonner que ta parole ait tant de force, de douceur, d'abondance. Je croyais jusqu'ici que tu devais à tes seuls dons naturels de m'apparaître dans tes paroles non seulement comme un orateur accompli, mais comme un esprit très philosophique. Je comprends aujourd'hui que tu as attaché plus d'importance encore aux études philosophiques et que l'abondance de ta parole trouve en elles sa source. Cependant, lorsque je repasse dans ma mémoire toutes les étapes de ton existence et que je considère tes occupations, je ne vois pas à quel moment tu as eu le loisir d'apprendre la philosophie et je n'imagine pas que tu aies pu consacrer beaucoup de temps à ces doctrines, à ces hommes, à leurs ouvrages. Et je ne saurais décider ce qui m'étonne le plus, ou que, parmi tant d'autres travaux, tu aies trouvé le moyen d'approfondir ces connaissances, dont tu veux me persuader que le secours est si puissant, ou, si tu ne l'as pas trouvé, que ta parole ait cette éloquence.

— **83** Tout d'abord, Catulus, dit Crassus, je voudrais te voir persuadé que, dans cette discussion sur l'orateur, je parle à peu près comme, le cas échéant, je parlerais

(1) On ne sait quel est ce Pamphile.
(2) Les rhéteurs.

Crasse, mirandum est esse in te tantam dicendi uel uim uel suauitatem uel copiam ; quem quidem antea natura rebar ita dicere ut mihi non solum orator summus sed etiam sapientissimus homo uiderere ; nunc intellego illa te semper etiam potiora duxisse quae ad sapientiam spectarent, atque ex his hanc dicendi copiam *ef*fluxisse. Sed tamen cum omnis gradus aetatis recordor tuae cumque uitam tuam ac studia considero, neque quo tempore ista didiceris uideo nec magnopere te istis studiis, hominibus, libris intellego deditum. Neque tamen possum statuere utrum magis mirer te illa, quae mihi persuades maxima esse adiumenta, potuisse in tantis tuis occupationibus perdiscere, a*n*, si non potueris, posse isto modo dicere.

83 Huic Crassus: Hoc tibi, inquit, Catule, primum persuadeas uelim, me non multo secus facere, cum de oratore disputem, ac facerem, si esset mihi de histrione dicendum. Negarem enim posse eum satis facere in gestu, nisi palaestram, nisi saltare didicisset ; neque, ea cum dicerem, me esse histrionem necesse esset, sed fortasse non stultum alieni artifici existimatorem. **84** Similiter nunc de oratore, uestro impulsu, loquor, summo scilicet. Semper enim, quacumque de arte aut facultate quaeritur, de absoluta et perfecta quaeri solet. Quare si iam me uultis esse oratorem, si etiam sat bonum, si bonum denique, non repugnabo. Quid enim nunc sim ineptus ? Ita me existimari scio. Quod

82 effluxisse *ego clausulae causa* : fluxisse *vulg.* || an *vulg.* : ac *codd.*

83 huic *V* : huic *aut* hinc *L* hinc *OP*[1] hic *P*[2].

du comédien. Je dirais que celui-ci ne peut plaire par ses gestes, s'il ne s'est formé aux exercices du corps et à la danse ; pour tenir ce langage, j'aurais besoin d'être non pas un acteur, mais simplement un connaisseur passable d'un art que je ne pratique pas. **84** De même, sur vos prières instantes, je vous parle en ce moment de l'orateur ; de l'orateur parfait, bien entendu. Car toujours, dès qu'on traite d'un art ou d'un talent, quel qu'il soit, on a coutume de le considérer dans son absolue perfection. Prétendez-vous donc que je suis un orateur, un orateur même assez bon, voire un bon orateur ? Soit, j'y consens. Pourquoi y mettrais-je une modestie déplacée ? Je sais que je passe pour tel. Mais, avec tout cela, je ne suis certainement pas un orateur parfait, car il n'y a rien au monde de plus difficile, de plus élevé que notre art, ni qui exige le secours d'un plus grand nombre de connaissances. **85** Cependant, puisqu'il s'agit de discourir sur l'orateur, je ne puis parler que de l'orateur accompli. Comment se faire une idée exacte et complète d'une chose, de sa force, de sa nature, si elle n'est mise sous vos yeux dans son état de perfection ?

« Pour moi, Catulus, je l'avoue, je n'ai aujourd'hui aucun commerce avec ces ouvrages ni avec ces hommes ; il est vrai encore, et tu l'as fort bien observé (1), que je n'ai jamais pu trouver de temps pour l'étude ; je n'y ai consacré que les loisirs de mon enfance et les vacances des tribunaux. XXIII. **86** Mais si tu me demandes, Catulus, mon opinion personnelle sur ce genre de connaissances, voici ma réponse : un homme bien doué, et qui a en vue le forum, le sénat, les plaidoieries, les affaires publiques, n'a pas besoin d'y consacrer un temps aussi long que ces philosophes, qui sont morts sans avoir terminé leurs études. Les arts, en effet, quels qu'ils soient, ne sont pas

(1) Voir § 82.

si ita est, summus tamen certe non sum. Neque enim apud homines res est ulla difficilior neque maior nec quae plura adiumenta doctrinae desideret. **85** Ac tamen quoniam de oratore nobis disputandum est, de summo oratore dicam necesse est. Vis enim et natura rei, nisi perfecta ante oculos ponitur, qualis et quanta sit intellegi non potest.

Me autem, Catule, fateor neque hodie in istis libris et cum istis hominibus uiuere, nec uero, id quod tu recte commeministi, ullum umquam habuisse sepositum tempus ad dicendum ac tantum tribuisse doctrinae temporis, quantum mihi puerilis aetas, forenses feriae concesserint.

XXIII. **86** Ac si quaeris, Catule, de doctrina ista quid ego sentiam, non tantum ingenioso homini, et ei, qui forum, qui curiam, qui causas, qui rem publicam spectet, opus esse arbitror temporis, quantum sibi ei sumpserunt, quos discentes uita defecit. Omnes enim artes aliter ab iis tractantur qui eas ad usum transferunt, aliter ab iis qui ipsarum artium tractatu delectati nihil in uita sunt aliud acturi. Magister hic Samnitium summa iam senectute est et cotidie commentatur ; nihil enim curat aliud. At *Q.* Velocius puer addidicerat ; sed quod erat aptus ad illud totumque cognorat, fuit, ut est apud Lucilium,

Quamuis bonus ipse
Samnis in ludo ac rudibus cuiuis satis asper ;

85 Ac *Sorof :* at *codd.*

86 At Q. *Victorius :* atque *VOP* || addidicerat *LVP :* addicerat *O* || quamuis — asper LUCIL. *Marx*, 1273-74.

cultivés de la même manière par ceux qui les font passer dans la pratique et par ceux qui se contentent de les apprendre et d'en faire l'unique occupation de la vie. Tel maître d'escrime pour gladiateurs samnites est déjà fort âgé et tous les jours il s'entraîne : il n'a pas d'autre occupation. Q. Vélocius (1), lui, avait appris l'escrime dans son enfance, comme un art accessoire. Seulement, il y avait des dispositions et le connaissait à fond ; il fut donc, ainsi qu'on le voit chez Lucilius, « gladiateur samnite des plus habiles à l'école, et, le fleuret à la main, adversaire assez redoutable » ; malgré tout, il réservait une plus grande part de son activité au forum, à ses amis, aux soins de son patrimoine. Valérius (1) chantait tous les jours. Pouvait-il faire autre chose ? C'était un homme de théâtre. **87** Mais Numérius Furius (1), notre ami, ne chante que lorsque cela lui plaît : c'est un chef de famille, un chevalier romain ; dans son enfance, il a appris de la musique ce qu'il était bon d'en apprendre. Il en est de même pour les plus hautes connaissances, celles dont nous parlons. Ainsi nous voyons Q. Tubéro, cet homme plein de vertu et de sagesse, consacrer jours et nuits aux leçons d'un philosophe (2) ; au contraire, à peine se fût-on douté que son oncle se livrât à ces études ; il s'y livrait cependant ; je parle de l'Africain. C'est qu'il n'y a là rien de difficile, quand on se borne aux notions nécessaires, qu'on a un maître sûr, et qu'en outre soi-même l'on sait étudier. **88** Mais veut-on faire de ces études l'unique occupation de sa vie ? Le travail même et la recherche font naître chaque jour quelque problème nouveau, dont on poursuit la solution avec un plaisir qui dégoûte du reste. Donc, se donner tout à ces questions est une tâche infinie, en avoir une connaissance générale une tâche aisée, pour peu que la pratique for-

(1) Personnage d'ailleurs inconnu.
(2) Panétius.

sed plus operae foro tribuebat, amicis, rei familiari. Valerius cotidie cantabat ; erat enim scaenicus. Quid faceret aliud ? **87** At Numerius Furius, noster familiaris, cum est commodum, cantat. Est enim pater familias, est eques Romanus ; puer didicit quod discendum. Eadem ratio est harum artium maximarum. Dies et noctes uirum summa uirtute et prudentia uidebamus, philosopho cum operam daret, Q. Tuberonem. At eius auunculum uix intellegeres id agere, cum ageret tamen, Africanum. Ista discuntur facile, si et tantum sumas quantum opus sit, et habeas qui docere fideliter possit, et scias etiam ipse discere ; **88** sed si tota uita nihil uelis aliud agere, ipsa tractatio et quaestio cotidie ex se gignit aliquid, quod cum desidiosa delectatione uestiges. Ita fit ut agitat*io* rerum sit infinita, cognitio facilis, *si* usus doctrinam confirmet, mediocris opera tribuatur, memoria studiumque permaneat. Libet autem semper discere ; ut si uelim ego talis optime ludere, *u*t pil*a* studio tenear etiam fortasse si assequi non posism ; at alii, quia praeclare faciunt, uehementius quam causa postulat, delectantur, ut Titius pila, Brulla talis. **89** Quare nihil est quod quisquam magnitudinem artium ex eo, quod senes discunt, pertimescat. Namque aut senes ad eas accesserunt aut usque ad senectutem in studiis detinentur aut sunt tardissimi. Res quidem se mea sententia sic habet, ut,

87 dies et noctes *L* : dies et $V^1O^1P^1$ || uirum P^2 : uerum *cet.*

88 agitatio *Mueller* : — one *codd.* || si *add. Mueller* || ut pila *Madvig* : aut pilae *codd.*

tifie la théorie, qu'un temps raisonnable y soit consacré, que la mémoire et le goût s'en conservent. Or le désir d'apprendre est insatiable ; c'est comme si je voulais, moi, devenir de première force aux dés ou à la paume ; je m'y adonnerais avec passion, quand même je serais peut-être incapable d'y réussir ; par contre, d'autres, parce qu'ils excellent à ces jeux, s'y livrent avec plus d'ardeur que la chose ne le mérite; par exemple, Titius (1) à la paume, Brulla (1) aux dès. **89** Ne soyons donc pas effrayés de la difficulté des arts, sous prétexte que les vieillards s'en instruisent encore. Ou bien ils étaient vieux quand ils ont commencé à les apprendre, ou bien leur passion pour ces études les y a retenus jusqu'à la vieillesse, ou bien ils sont d'une intelligence très lente. Selon moi, la réalité est celle-ci : ce qu'on ne peut apprendre promptement, on ne peut jamais l'apprendre à fond.

— XXIV. **90** Maintenant, Crassus, je suis éclairé, dit Catulus, et je me range entièrement à ton avis. Oui, je vois qu'un homme comme toi, poussant à fond l'étude avec autant d'énergie, a dû trouver assez de temps pour acquérir les connaissances dont tu parles.

— Tu continues donc (2), reprit Crassus, à croire que je parle de moi en particulier, quand je traite la question en général ? Mais, si tu le veux bien, revenons à notre sujet.

— C'est précisément ce que je veux, répondit Catulus.

Qualités générales du style (91-95).

— **91** Où donc, reprit Crassus, tend ce discours si long et repris de si haut ? Voici. Il me reste à traiter deux parties (3), jeter de l'éclat sur le langage et mettre son couronnement à l'éloquence. L'une comprend les

(1) Personnages d'ailleurs inconnus.
(2) Voir § 74.
(3) Comparer § 37.

nisi quod quisque cito potuerit, nunquam omnino possit perdiscere.

XXIV. **90** Iam, iam, inquit Catulus, intellego, Crasse, quid dicas et hercule assentior. Satis uideo tibi homini ad perdiscendum acerrimo ad ea cognoscenda, quae dicis, fuisse temporis.

Pergisne, inquit Crassus, me quae dicam de me, non de re putare dicere? Sed iam, si placet, ad instituta redeamus.

Mihi uero, Catulus inquit, placet.

91 Tum Crassus: Quorsum igitur haec spectat, inquit, tam longa et tam alte repetita oratio ? Hae duae partes, quae mihi supersunt, illustrandae orationis ac totius eloquentiae cumulandae, quarum altera dic*i* postulat *ornate,* altera apte, hanc habe*n*t uim, ut sit quam maxime iucunda, quam maxime in sensus eorum, qui audiunt, influat, et quam plurimis sit rebus instructa.

92 Instrumentum autem hoc forense, ligitiosum, acre, tractum ex uulgi opinionibus, exiguum saneque mendicum est. Illud rursus ipsum, quod tradunt isti, qui profitentur se dicendi magistros, non multum est maius quam illud uulgare ac forense. Apparatu nobis opus est et rebus exquisitis undique [et] collectis, accersitis, comportatis, ut tibi, Caesar, faciendum est ad annum, ut ego in aedilitate laboraui, quod cotidianis et uernaculis rebus satis facere me posse huic populo non putabam.

91 dici *vulg.* : dicit *VOP* || ornate *vulg. om. VOP* || habent *vulg.* : habet *LVOP.*
92 tractum *vulg.* : tractatum *VOP* || et *secl. Schuetz.*

ornements, l'autre la convenance ; toutes deux ont pour effet de rendre le discours aussi agréable que possible aux auditeurs, de lui ouvrir le mieux possible le chemin de leurs cœurs et de l'appuyer sur un fond aussi nourri que possible.

92 « Le langage que nous manions au forum, chicanier, âpre, reflet des préjugés de la multitude, est chétif et bien misérable. D'autre part, celui que mettent à notre disposition les prétendus maîtres de l'art oratoire n'est guère supérieur au premier, fait pour la multitude et le forum. Ce qu'il nous faut, à nous, c'est un appareil magnifique, ce sont des choses rares, recueillies, cherchées, amassées de tous côtés. L'an prochain (1), César, tu auras à t'évertuer de semblable façon. Moi aussi, lorsque j'étais édile, je me suis donné bien du mal, pensant que je ne pourrais pas satisfaire notre peuple avec des choses qu'il voit tous les jours et qu'il trouve chez lui.

93 « Pour le choix des mots, leur place dans la phrase et leur arrangement en périodes, il est facile de donner des règles, ou même, sans règles, tout simplement de s'exercer. Quant aux choses, le fond en est infini. Il manquait déjà aux Grecs (2) ; aussi notre jeunesse désapprenait-elle, pour ainsi dire, en allant apprendre (3). Mais, les dieux me pardonnent ! il y a deux ans, voici que des Latins ont apparu comme professeurs d'éloquence. Durant ma censure (4), j'avais, par mon édit, fermé leurs écoles, non point comme, paraît-il, le disaient certaines gens, pour empêcher nos jeunes gens d'aiguiser leur talent naturel ; je ne voulais pas, au contraire, qu'on vînt émousser ce talent et fortifier le penchant à l'impudence. **94** Chez les Grecs, quelque insuffisants qu'ils

(1) César était édile désigné.
(2) Aux rhéteurs grecs.
(3) Sous-ent. : chez eux.
(4) En 92.

93 Verborum eligendorum et collocandorum et concludendorum facilis est uel ratio uel sine ratione ipsa exercitatio. Rerum est silua magna, quam cum Graeci iam non tenerent ob eamque causam iuuentus nostra dedisceret paene discendo, etiam Latini, si dis placet, hoc biennio magistri dicendi extiterunt ; quos ego censor edicto meo sustuleram, non quo, ut nescio quos dicere aiebant, acui ingenia adulescentium nollem, sed contra ingenia obtundi nolui, corroborari impudentiam. **94** Nam apud Graecos, cui*cui*modi essent, uidebam tamen esse praeter hanc exercitationem linguae doctrinam aliquam et humanitat*e* dignam scienti*am* ; hos uero nouos magistros nihil intellegebam posse docere, nisi ut auderent ; quod etiam cum bonis rebus coniunctum per se ipsum est magnopere fugiendum. Hoc cum unum traderetur et cum impudentiae ludus esset, putaui esse censoris ne longius id serperet prouidere. **95** Quamquam non haec ita statuo atque decerno, ut desperem latine ea, de quibus disputauimus, tradi ac perpoliri ; patitur enim et lingua nostra et natura rerum ueterem illam excellentemque prudentiam Graecorum ad nostrum usum moremque transferri ; sed hominibus opus est eruditis, qui adhuc in hoc quidem genere nostri nulli fuerunt ; sin quando extiterint, etiam Graecis erunt anteponendi.

XXV. **96** Ornatur igitur oratio genere primum et quasi colore quodam et suco suo. Nam ut grauis, ut suauis, ut erudita sit, ut liberalis, ut admirabilis, ut polita,

94 cuicuimodi *Manuce* : qui cuiusmodi *VOP* || humanitate dignam scientiam *Lambin* : humanitatem dignam scientia *codd.*

pussent être, je trouvais du moins, avec le même exercice de la parole, quelques connaissances théoriques et une culture digne d'un homme bien né. Mais ces nouveaux maîtres, je voyais bien qu'on ne pouvait rien apprendre d'eux, sinon à tout oser, tendance qui, même jointe à de réelles qualités, est insupportable en elle-même et doit être soigneusement réprimée. Comme c'était là tout ce que nos gens enseignaient et que leur école était une école d'impudence, je crus qu'il était du devoir des censeurs de veiller à ce que le mal ne s'étendît pas. **95** Non point que, par là, je veuille prétendre ou décider que je désespère de voir exposer en latin sous une forme parfaite les matières sur lesquelles nous avons discuté. Ni le génie de notre langue, ni la nature du sujet ne s'opposent à ce que cette antique et excellente sagesse des Grecs soit appropriée à notre usage et à notre génie. Mais il faut pour cela des hommes instruits, et, jusqu'à ce jour, nous n'en avons pas eu dans ce genre. Si jamais ils se montrent, ils devront l'emporter même sur les Grecs.

Retour au sujet. Vue d'ensemble sur l'élégance de la forme (96-103).

XXV. **96** « Pour revenir au sujet, le premier moyen de donner au style une allure brillante réside dans son caractère général, dans ce qui constitue, en quelque sorte, ce que j'appellerai son teint et sa sève propre. Qu'elle ait de la force, de la douceur, qu'elle trahisse l'homme instruit et bien né, qu'elle soit originale, élégante, qu'elle présente en outre, dans toute la mesure nécessaire, de la sensibilité et du pathétique, ces qualités ne résultent pas de telle articulation prise à part ; c'est dans le corps entier qu'elles se montrent. Quant à ce que j'appellerai les fleurs d'expressions et de pensées qui émaillent la diction, elles ne doivent pas être répandues partout également, mais semées çà et là, comme, dans la déco-

ut sensus, ut dolor*is* habeat quantum opus sit, non est singulorum articulorum ; in toto spectantur haec corpore. Vt porro conspersa sit quasi uerborum sententiarumque floribus, id non debet esse fusum aequabiliter per omnem orationem, sed ita distinctum ut sint quasi in ornatu disposita quaedam insignia et lumina. **97** Genus igitur dicendi est eligendum, quod maxime teneat eos qui audiant, et quod non solum delectet, sed etiam sine satietate delectet ; non enim a me iam expectari puto, ut moneam ut caueatis ne exilis, ne inculta sit uestra oratio, ne uulgaris, ne *o*bsoleta ; aliud quiddam ma*iu*s et ingenia me hortantur uestra et aetates.

98 Difficile enim dictu est quaenam causa sit cur ea, quae maxime sensus nostros impellunt uoluptate et specie prima acerrime commouent, ab iis celerrime fastidio quodam et satietate abalienemur. Quanto colorum pulchritudine et uarietate floridiora sunt in picturis nouis pleraque quam in ueteribus ! Quae tamen, etiam si primo aspectu nos ceperunt, diutius non delectant, cum idem nos in antiquis tabulis illo ipso horrido obsoletoque teneamur. Quanto molliores sunt et delicatiores in cantu flexiones et falsae uoculae quam certae et seuerae ! Quibus tamen non modo austeri, sed, si saepius fiunt, multitudo ipsa reclamat. **99** Licet hoc uidere in reliquis sensibus ; unguentis minus diu nos delectari summa et acerrima suauitate

96 doloris *Bake* : — res *codd.*
97 obsoleta *vulg.* : inob — *VOP* ‖ maius *vulg.* : magis *codd.*
98 celerrime $V^{2}O^{2}P^{2}$: celeberrime $LV^{1}O^{1}P^{1}$.

ration (1), l'on distribue ce qui, en quelque sorte, la relève et jette de l'éclat. **97** On choisira donc un style, qui tienne les auditeurs attentifs et qui non seulement les charme, mais les charme sans provoquer la satiété. Vous n'attendez pas de moi, n'est-ce pas, que je vous recommande, dans votre discours, d'éviter la sécheresse, les expressions manquant d'élégance, vulgaires ou surannées : c'est à des considérations d'ordre plus relevé que me portent votre talent et votre âge.

98 « Oui, il est difficile d'expliquer pourquoi les objets dont notre sensibilité est le plus agréablement touchée, et qui, au premier aspect, font sur elle l'impression la plus profonde, sont également ceux qui, le plus rapidement, provoquent en nous une sorte de dégoût et de satiété qui nous en écarte. Combien les tableaux récents, grâce à la beauté et à la richesse des couleurs, sont-ils, d'une façon générale, plus éclatants que les tableaux anciens ! Pourtant, bien qu'ils nous séduisent au premier coup d'œil, le charme s'évanouit assez vite, tandis que, devant les tableaux les plus anciens, nous ne cessons de les admirer, précisément pour leur caractère sombre et archaïque. Dans le chant, combien les inflexions contre nature et les tons de fausset sont plus souples et plus voluptueux que les notes exactes et sérieuses ! Toutefois ce ne sont pas seulement les gens au goût sévère qui protestent contre les premières, mais, si elles reviennent trop souvent, la foule elle-même. **99** La même remarque s'applique aux autres sensations. Les parfums très forts et très pénétrants nous charment moins longtemps que les parfums sobres dont nous usons et l'on préfère ce qui semble sentir la cire plutôt que le safran. Le toucher se fatiguerait aussi d'une surface molle et polie. Le goût lui-même, celui de nos sens qui nous apporte le plus de jouissances et celui qui aime avant tout la douceur,

(1) Sous-ent. : d'un édifice.

conditis quam his moderatis, et magis laudari quod ceram quam quod crocum olere uideatur ; in ipso tactu esse modum et mollidutinis et leuitatis. Quin etiam gustatus, qui est sensus ex omnibus maxime uoluptarius quique dulcitudine praeter ceteros sensus commouetur, quam cito id, quod ualde dulce est, aspernatur ac respuit ! Quis potione uti aut cibo dulci diutius potest, *cu*m utroque in genere ea, quae leuiter sensum uoluptate moueant, facillime fugiant satietatem ?

100 Sic omnibus in rebus uoluptatibus maximis fastidium finitimum est ; quo hoc minus in oratione miremur, in qua uel ex poetis uel ex oratoribus possumus iudicare concinnam, distinctam, ornatam, festiuam sine intermissione, sine reprensione, sine uarietate, quamuis claris sit coloribus picta uel poesis uel oratio, non posse in delectatione esse diuturna. Atque eo citius in oratoris aut in poetae cincinnis ac fuco offenditur, quod sensus in nimia uoluptate natura, non mente satiantur ; in scriptis et in dictis non aurium solum, sed animi iudicio etiam magis infucata uitia noscuntur.

XXVI. **101** Quare bene et praeclare quamuis nobis saepe dicatur ; belle et festiue nimium saepe nolo. Quamquam illa ipsa exclamatio : Non potest melius, sit uelim crebra ; sed habeat tamen illa in dicendo admi-

99 ceram *VO* : caeram *P* terram PLIN. *N.H.* 13, 3, 4 *et* 17, 5, 3 || olere *codd.* : sapere PLIN. *ibid.* || in ipso — leuitatis *habet* NON. *p.* 135 *M* || Quin etiam — commouetur *habet* NON. *p.* 96 *M* || cum *vulg.* : quam *codd.*

100 Atque citius — offenditur *habet* NON. *p.* 450 *M* || offenditur *LVP* NON : ostend — *O.*

comme il est prompt à rejeter avec dédain ce qui est trop doux ! Qui peut supporter longtemps une boisson ou un aliment doux ? Dans les deux cas, au contraire, ce qui flatte discrètement le palais échappe le plus facilement à la satiété.

100 « Ainsi, en toutes choses, la satiété est la compagne immédiate du plaisir le plus vif. Aussi, pour la forme, le fait doit-il encore moins nous étonner : par l'exemple soit des poètes, soit des orateurs, nous pouvons nous rendre compte que, si elle offre des balancements d'expression, des points éclatants, une allure brillante, une grâce qui ne s'arrêtent, ne se laissent critiquer, ne varient jamais, quel que soit d'ailleurs l'éclat du coloris et qu'il s'agisse de vers ou de prose, elle n'est pas capable de nous charmer longtemps. Chez l'orateur ou le poète, l'affectation et les ornements empruntés nous choquent encore d'une façon plus rapide ; c'est que, lorsqu'il s'agit d'un plaisir excessif éprouvé par les sens, la satiété est instinctive, non réfléchie ; au contraire, lorsqu'il s'agit d'écrits et de discours, ce n'est pas seulement l'oreille, c'est surtout l'esprit qui distingue et qui juge les défauts sous les ornements empruntés.

XXVI. **101** « Que l'auditoire s'écrie aussi souvent qu'on voudra : « Bien, parfait », je ne veux pas qu'il répète trop souvent : « Charmant, délicieux. » Mais ce que j'aimerais à entendre fréquemment, c'est l'exclamation même : « On ne peut mieux ». Et, dans l'admiration même et l'éloge le plus vif pour un discours, je souhaiterais qu'il y ait un peu d'ombre à l'arrière-plan, pour que les objets éclairés semblent ressortir avec plus de relief. **102** Jamais Roscius ne met en jeu toute son action quand il prononce ce vers : « Le sage demande pour la vertu un prix honorable, et non un vil profit » ; il le laisse tomber naturellement. Mais, dans le suivant : « Que vois je ? Entouré de ses hommes d'armes, il enva-

ratio ac summa laus umbram aliquam et recessum, quo magis id, quod erit illuminatum extare atque minere uideatur. **102** Numquam agit hunc uersum Roscius eo gestu, quo potest :

Nam sapiens uirtuti honorem praemium, haud praedam [petit ;

sed abicit prorsus, ut in proximo

Se*t* quid uideo ? ferro saeptus possidet sedes sacras,

incidat, aspiciat, admiretur, stupescat. Quid ? ille alter

Quid petam praesidi ?

quam leniter, quam remisse, quam non actuose ! Instat enim

O pater, o patria, o Priami domus !

in quo tanta commoueri actio non posset, si esset consumpta superiore motu et exhausta. Neque id actores prius uiderunt quam ipsi poetae, quam denique illi etiam, qui fecerunt modos, a quibus utrisque summittitur aliquid, deinde augetur, extenuatur, inflatur, uariatur, distinguitur. **103** Ita sit nobis igitur ornatus et suauis orator — nec tamen potest aliter esse —, ut suauitatem habeat austeram et solidam, non dulcem atque decoctam. Nam ipsa ad ornandum praecepta, quae dantur, eius modi sunt ut ea qu*i*uis *uel* utiosissi-

102 Nam sapiens — petit *cf. Ribbeck trag.*[3] *inc. inc.* XVII || proximo *Gruter :* — mos *codd.* || Sed quid — sacras *cf. Ribbeck trag.*[3] *p.* 277 || Set *Ribbeck :* et *VOP* || Quid petam praesidi *et* O pater — domus *cf. Ribbeck trag.*[3] ENNII *Andromacha Aechmalotis* IX.

103 decoctam *LV :* decoram *OP* || quiuis uel *Sorof :* quamuis *codd.*

hit la demeure sacrée (1) », sa vue rencontre un objet ; il le regarde fixement, interdit, frappé de stupeur. Et cet autre acteur (2) dans le passage : « Où prendre un appui ? » Comme il parle d'abord avec calme, avec abandon, sans action dramatique ! Car il va avoir à dire : « O mon père ! o ma patrie ! o palais de Priam ! » et il ne pourrait rendre ce vers avec l'action dramatique convenable, s'il avait usé, épuisé ses forces dans le mouvement de la tirade précédente. Les acteurs d'ailleurs n'avaient pas vu ces règles avant les poètes, et même avant les compositeurs chargés de l'accompagnement musical. Les uns et les autres débutent sur un ton simple, puis ils l'élèvent, le diminuent, l'enflent, le varient, le nuancent. **103** Que l'orateur ait donc du brillant et du charme (sans ces qualités, il ne serait pas orateur), mais un charme viril et réel, qui ne soit ni douceâtre ni fade. Car, considérés en eux mêmes, les préceptes donnés sur la manière d'orner le discours sont tels qu'ils ne dépassent pas la portée du plus mauvais orateur. Ainsi l'essentiel, comme je l'ai déjà dit (3), est d'amasser un riche fonds de connaissances. Ce fonds devra prendre sa forme extérieure grâce à la contexture générale et au caractère particulier du style, recevoir son éclat grâce aux figures de mots, être relevé par des traits.

Importance de l'amplification pour atteindre à l'élégance (104-108).

104 « Le triomphe de l'éloquence, c'est d'amplifier le sujet par les ornements de la diction, ce qui consiste non seulement à agrandir ou à relever les objets par l'expression, mais à les amoindrir aussi et à les rabaisser. XXVII. L'amplification est nécessaire, toutes les fois que, pour donner de la créance au discours, on emploie les lieux dont Antoine a parlé (4), qu'il faille éclaircir un point, se concilier les esprits ou les exciter. **105** Mais c'est dans le dernier cas que l'amplification a le plus de pouvoir. C'est la

mus orator explicare possit. Quare, ut ante dixi, primum silua rerum [ac sententiarum] comparanda est, [qua de parte dixit Antonius]. Haec formanda filo ipso et genere orationis, illuminanda uerbis, uarianda sententiis.

104 Summa autem laus eloquentiae est amplificare rem ornando, quod ualet non solum ad augendum aliquid et tollendum altius dicendo sed etiam ad extenuandum atque abiciendum. XXVII. Id desideratur omnibus iis in locis, quos ad fidem orationis faciendam adhiberi dixit Antonius, uel cum explanamus aliquid uel cum conciliamus animos uel cum concitamus. **105** Sed in hoc, quod postremum dixi, amplificatio potest plurimum, eaque una laus oratoris est et propria maxime. Etiam maior est illa exercitatio*ne*, quam extremo sermone instruxit Antonius [primo reiciebat], laudandi et uituperandi. Nihil est enim ad exaggerandam et amplificandam orationem accommodatius quam utrumque horum cumulatissime facere posse.

106 Consequentur etiam illi loci, qui, quamquam proprii causarum et inhaerentes in earum neruis esse debent, tamen quia de uniuersa retractari solent, communes a ueteribus nominati sunt. Quorum partim habent uitiorum et peccatorum acrem quandam cum amplificatione incusationem aut querelam, contra quam dici nihil solet nec potest, ut in depeculatorem, in pro-

103 ac sententiarum *secl. Schuetz* || qua — Antonius *secl. ut glossema* || Haec *LVP* : haec est *O*.

105 exercitatione *Kayser* : exercitatio *codd.* || primo reiciebat *secl. ut glossema.*

106 quandam *OP* : quondam *LV*.

plus grande qualité de l'orateur, celle qui lui est vraiment propre. Elle devient plus éminente encore, s'il s'exerce dans le genre dont Antoine a donné les règles en terminant, je veux dire l'éloge et le blâme. En effet, pour apprendre à élever et amplifier un discours, rien ne vaut l'habileté consommée à traiter ces deux points.

106 « Près d'eux trouvent également place ces lieux qui doivent être particuliers à la cause, et tenir au cœur même du sujet, mais qui, d'habitude, sont employés lorsque l'on traite une question sous son aspect le plus général, et que, pour cette raison, les anciens ont appelés communs. Tantôt ce sont des manières d'attaques ou de plaintes vives et largement développées, ordinairement sans réplique possible, à propos de crimes ou de fautes, tels que le péculat, la trahison, le parricide ; on ne doit les employer qu'une fois l'accusation bien établie ; sinon ils seraient maigres et vides. **107** Ailleurs on implore le pardon ou la pitié. Ailleurs encore, ils consistent en ces discussions à double face, où l'on peut, généralisant la question, soutenir avec abondance le pour et le contre. Aujourd'hui ce dernier exercice paraît appartenir en propre aux deux écoles de philosophie (1) dont j'ai parlé ; autrefois il relevait de ceux (2) auxquels on allait demander tout ce qui était nécessaire pour aborder le forum et y parler avec abondance. En effet, sur la vertu, le devoir, le bon et le juste, la dignité, l'utilité, l'honneur, l'ignominie, les récompenses, les châtiments et d'autres points semblables, nous devons, nous aussi, avoir le talent et l'art de parler dans les deux sens opposés. **108** Mais, puisque nous avons été dépossédés de notre bien et cantonnés dans un tout petit domaine

(1) Le péripatétisme et l'Académie, voir § 67.

(2) Les maîtres de rhétorique, qui se confondaient avec les philosophes.

ditorem, in parricidam ; quibus uti confirmatis criminibus oportet, aliter enim ieiuni sunt atque inanes ; **107** alii autem habent deprecationem aut miserationem ; alii uero ancipites disputationes, in quibus de uniuerso genere in utramque partem disseri copiose licet. Quae exercitatio nunc propria duarum philosophiarum, de quibus ante dixi, putatur ; apud antiquos erat eorum, a quibus omnis de rebus forensibus dicendi ratio et copia petebatur. De uirtute enim, de officio, de aequo et bono, de dignitate, utilitate, honore, ignominia, praemio, poena similibusque de rebus in utramque partem dicendi *etiam n*os et uim et artem habere debemus. **108** Sed quoniam de nostra possessione depulsi in paruo et eo litigioso praediolo relicti sumus, et, aliorum patroni, nostra tenere tuerique non potuimus, ab iis, quod indignissimum est, qui in nostrum patrimonium irruperunt, quod opus est nobis mutuemur.

XXVIII. **109** Dicunt igitur nunc quidem illi, qui ex particula parua urbis ac loci nomen habent et Peripatetici philosophi aut Academici nominantur, olim autem propter eximiam rerum maximarum scientiam a Graecis politici philosophi appellati uniuersarum rerum publicarum nomine uocabantur, omnem ciuilem orationem in horum alterutro genere uersari, aut de finita controuersia certis temporibus ac reis hoc modo : Placeatne a Carthaginiensibus captiuos nostros redditis

107 etiam nos *Sorof* : animos *codd.* omnino *Manuce* copiose *Koch.*
109 uniuersarum *LVP* : uniuersitatem *O.*

qu'on nous dispute encore ; puisque, défenseurs du bien d'autrui, nous n'avons pu conserver et défendre le nôtre, nous voici réduits à la condition humiliante d'emprunter ce qu'il nous faut de ceux-là mêmes qui ont envahi notre patrimoine.

Les causes les plus favorables aux qualités de forme. Division des causes (109-119)

XXVIII. **109** « Voici donc ce que disent les philosophes, du moins ceux d'aujourd'hui, nommés Péripatéticiens ou Académiciens, d'une toute petite partie de leur ville ou plutôt d'un quartier, mais autrefois, à cause de leur profonde connaissance des plus hautes matières, appelés par les Grecs philosophes politiques, d'un nom qui embrassait la vie de l'État au sens le plus large. D'après eux tout discours politique rentre dans l'un des deux groupes que voici. C'est un débat précis, avec circonstances et personnes déterminées, par exemple : « Faut-il recouvrer des Carthaginois nos prisonniers, en leur rendant les leurs » ? Ou bien c'est une question sans précision et de caractère général : en principe, que faut-il décider et penser au sujet des prisonniers de guerre ? Au premier de ces genres, les philosophes donnent le nom de cause particulière ou de controverse, et ils les font toujours rentrer dans l'un des trois genres judiciaire, délibératif ou démonstratif. L'autre, le second, ils la nomment question indéterminée et discussion sur un sujet que j'appellerai proposé (1) ⟨à notre examen⟩. **110** Telle est la division qu'ils emploient encore dans leur enseignement, et en cela, ils semblent moins chercher à recouvrer devant un magistrat, un tribunal (2), ou même par la violence la possession d'un bien perdu

(1) Parce que Cicéron traduit ici le grec θέσις.
(2) Ce sont les deux phases du procès.

suis recuperari ? aut infinite de uniuerso genere quaerentis : Quid omnino de captiuo statuendum ac sentiendum sit ? Atque horum superius illud genus causam aut controuersiam appellant eamque tribus, lite aut deliberatione aut laudatione, definiunt ; haec autem altera quaestio infinita et quasi proposita consultatio nominatur. **110** Atque [hactenus loquuntur] etiam hac *in* instituendo diuisione utuntur, sed ita, non ut iure aut iudicio, u*i* denique recuperare amissam possessionem, sed ut [iure ciuili] surculo detringendo usurpare uideantur. Nam illud alterum genus, quod est temporibus, locis, reis definitum, optinent atque id ipsum lacinia. Nunc enim apud Philonem, quem in Academia [maxime] uigere audio, etiam harum iam causarum cognitio exercitatioque celebratur. Alterum uero tantummodo in prima arte tradenda nominant et oratoris esse dicunt ; sed neque uim neque naturam eius nec partis nec genera proponunt, ut praeteriri omnino fuerit satius quam attactum deseri. Nunc enim inopia reticere intelleguntur, tum iudicio uiderentur.

XXIX. **111** Omnis igitur res eandem habet naturam ambigendi, [de qua quaeri et disceptari potest], siue in infinitis consultationibus disceptatur siue in eis causis, quae in ciuitate et in forensi disceptatione uersantur ;

110 hactenus loquuntur *secl. Kayser* || in *add. Ernesti* || non ut *redeunt AH* || ui *Manuce :* ut *codd.* || iure ciuili *secl. Ellendt* || lacinia *cet. :* lasciuia *LVP*² || uigere *AH :* maxime u. *VOP* || nec genera *redit E* || attactum *AEH :* ac tantum *VOP*² ac tractatum *O marg.* attractatum *P*² || inopia *cet. :* enim copia *O.*

111 Omnis — disceptatur *om. E* || eandem habet *cet. :* eadem habent *AE* || de qua — potest *secl. Ellendt* || uersantur *VOP :* uersentur *E* uorsantur *AH.*

que l'affirmer en coupant une pousse (1). Car le premier genre, les questions avec temps, lieux, personnes déterminées, ils le tiennent sans doute, mais rien que du bout des doigts : j'entends dire en effet que, chez Philon, l'Académicien aujourd'hui en renom, la théorie et la pratique des causes particulières est également en honneur. Quant au second, ils se bornent à le mentionner dans leurs leçons générales et à dire qu'il appartient à l'orateur ; ils n'en exposent ni l'essence, ni la nature, ni les parties, ni les espèces, et ils feraient mieux de n'en pas parler du tout que de l'effleurer pour y renoncer aussitôt : c'est par impuissance, en effet, on le sent bien, qu'ils n'en disent pas davantage ; sinon l'on croirait que c'est par dessein calculé.

XXIX. **111** « En réalité, il n'est aucun sujet qui ne prête à contestation, qu'il s'agisse de discussions sur un cas général ou de ces questions particulières traitées en politique et discutées au forum, et il n'en est aucun qui, pour le fond et la méthode, ne se ramène à des questions de théorie ou de pratique. **112** C'est en effet une recherche théorique et scientifique pure que l'on poursuit ; exemple : Faut-il rechercher la vertu pour elle-même ou pour quelque avantage ? Ou bien c'est un dessein pratique que l'on a en vue ; exemple : Le sage doit-il prendre part à la direction des affaires publiques ? **113** La question théorique a trois modes : la conjecture, la définition et ce que j'appellerai (2) la conséquence. Cherche-t-on ce qui est contenu dans une chose, on emploie la conjecture. Exemple : y a-t-il de la sagesse

(1) Quand la revendication portait sur un objet de nature matérielle, il fallait qu'il fût représenté au moins par une parcelle, un champ par une motte, une maison par une brique, un bois par une branche. Ici les philosophes se bornent à mentionner le *genus infinitum*.

(2) C'est que le mot latin que nous traduisons par « conséquence » n'était pas encore employé en ce sens.

neque est ulla, quae non aut ad cognoscendi aut ad agendi uim rationemque referatur. **112** Nam aut ipsa cognitio rei scientiaque perquiritur, ut : Virtus suamne propter dignitatem an propter fructum aliqu*em* expetatur ? aut agendi consilium exquiritur, ut : Sitne sapienti capessenda res publica ? **113** Cognitionis autem tres modi, coniectura, definitio, et, ut ita dicam, consecutio. Nam quid in re sit coniectura quaeritur, ut illud : sitne in humano genere sapientia ? Quam autem uim quaeque res habeat definitio explicat, ut si quaeratur quid sit sapientia. Consecutio autem tractatur, cum quid quamque rem sequatur anquiritur, ut illud : sitne aliquando mentiri boni uiri ? **114** Redeunt rursus ad coniecturam eamque in quattuor genera dispertiunt. Nam aut quid sit quaeritur, hoc modo : naturane sit ius inter homines an in opinionibus ? Aut quae sit origo quoiusque rei, ut : quod sit initium legum aut rerum publicarum ? aut causa et ratio, ut si quaeratur : cur doctissimi homines de maximis rebus dissentiant ? aut de immutatione, ut si disputetur num interire uirtus in homine aut num in uitium possit conuertere.

115 Definitionis autem sunt disceptationes *aut* cum quaeritur quid in communi mente quasi impressum sit,

111 non aut ad *VOP :* non ad *AEH.*
112 fructum *AEH :* — tus *VOP* || aliquem *vulg. :* —quod *AEH* — quos *VOP* || exquiritur *VOP :* — retur *AEH.*
113 cognitionis $VOPE^1$: — nes *cet.* || coniectura *VOP :* complectuntur *AEH* || mentiri $VOPA^2$: mente in *cet.*
114 an in A^1H : an *cet.* || rei ut *AEH :* rei aut *VOP* || causa et ratio *AEH :* causae tractatio *VOP* || conuertere $A^1E^1H^1$: se c. $A^2E^2H^2$ conuerti *cet. codd.*
115 Definitionis *AEH :* — nes *VOP* || aut *Gruter :* ut *codd.*

parmi les hommes ? S'agit-il de l'essence d'une chose, une définition débrouillera ce point. Exemple, la question suivante : Qu'est-ce que la sagesse ? La conséquence est de mise, lorsqu'on examine ce qui suit (1) une chose. Exemple : est-il permis quelquefois à l'honnête homme de mentir ?

114 « Revenant à la conjecture, ils la subdivisent en quatre espèces : car on peut considérer ce qu'est la chose ; par exemple : le droit parmi les hommes existe-t-il en lui-même ou dans leur opinion ? On peut rechercher l'origine de chaque chose : comment ont pris naissance les lois et les gouvernements ? ou la cause et la raison des choses, quand on se demande, par exemple, pourquoi les hommes les plus éclairés sont en désaccord sur les questions essentielles, ou les transformations, quand on discute, par exemple, sur le point de savoir si la vertu, chez l'homme, peut disparaître, ou même se changer en vice.

115 « C'est dans la définition que rentrent les discussions où notre recherche porte sur les notions qui sont comme empreintes dans tous les esprits, par exemple quand on examine si le droit est ce qui est utile au plus grand nombre ; ou bien lorsqu'on examine le caractère propre de quelque chose, par exemple : le style brillant est-il propre à l'orateur ou quelque autre peut-il également y prétendre ? ou bien lorsqu'on divise la chose en ses différentes parties, par exemple si l'on cherche combien d'espèces il y a de biens désirables, ou s'il y en a trois espèces, ceux du corps, de l'âme et de la fortune ; ou bien enfin lorsque l'on expose le caractère et pour ainsi dire (2) la marque naturelle distincte de tels

(1) *Sequitur*, mot de même racine que *consecutio*.

(2) Cicéron donne pour la première fois au latin *nota* le sens du mot grec χαρακτήρ ; d'où la restriction.

ut si disseratur idne sit ius, quod maxumae parti sit utile ; aut cum quid quoiusque sit proprium exquiritur, ut ornate dicere propriumne sit oratoris an id etiam aliquis praeterea facere possit ? aut cum res distribuitur in partis, ut si quaeratur quot sint genera rerum expetendarum, ut sintne tria, corporis, animi exterarumque rerum ; aut cum quae forma et quasi naturalis nota quoiusque sit describitur, ut si quaeratur auari species, seditiosi, gloriosi.

116 Consecutionis autem duo prima quaestionum genera ponuntur. Nam aut simplex est disceptatio, ut si disseratur expetendane sit gloria, aut ex comparatione, laus an diuitiae magis expetendae sint. Simplicium autem sunt tres modi, de expetendis fugiendisue rebus, ut expetendine honores sint, num fugienda paupertas, de aequo aut iniquo, *ut* aequumne sit ulcisci iniurias etiam propinquorum, de honesto aut turpi, ut hoc sitne honestum gloriae causa mortem obire ? **117** Comparationis autem duo sunt modi, unus, cum idemne sit an aliquid intersit quaeritur, ut metuere et uereri, ut rex et tyrannus, ut adsentator et amicus ; alter, cum quid praestet aliud alii quaeritur, ut illud optimine quoiusque sapientes an populari laude ducantur ?

115 idne *VOP* : unde *AEH* || facere possit *AEH* : possit *VOP* || expetendarum ut *AEH* : e. aut *VOP*.

116 duo *om. H* || prima *VOP* : crimina *AEH* || sunt tres *AEH* : t. s. *VOP* || fugiendisue rebus *VOP* : fugiendis uerberibus *AEH* || ut *ante* aequumne *add. Pearce*

117 ut rex *cet. codd.* : rex *A*[1]*EHVOP* || alter *vulg.* : alterum *codd.* || aliud alii *AEH* : aliud *VOP*.

ou tels groupes, par exemple si l'on cherche quel est le type de l'avare, du séditieux, du fanfaron.

116 « Pour la conséquence, deux genres de questions se posent avant tout. Ou le point à trancher est simple, comme lorsqu'on discute s'il faut rechercher la gloire, ou il repose sur une comparaison : Que faut-il rechercher davantage, la gloire ou les richesses ? La conséquence simple comprend trois espèces ; ce qui est à rechercher ou à fuir (exemple : Faut-il rechercher les honneurs ? Faut il fuir la pauvreté ?), ce qui est juste ou injuste (exemple : Est-il juste de venger les injures même de ses proches ?), ce qui est bien ou honteux (exemple : Est-il bien d'affronter la mort par amour de la gloire?) **117** La comparaison, elle, comprend deux espèces : dans l'une on recherche si deux choses sont identiques ou présentent quelque différence, par exemple la crainte et le respect, le roi et le tyran, le complaisant et l'ami ; dans l'autre, on recherche en quoi l'un des termes l'emporte sur l'autre, par exemple si le sage doit se conduire d'après l'approbation des gens de bien ou d'après celle du vulgaire.

« C'est à peu près de cette façon que les maîtres les plus savants classent les discussions de nature théorique.

XXX. **118** « Dans celles qui se rapportent à la pratique, la discussion roule sur le devoir ; l'on se demande alors ce qui est bien et ce qu'il faut faire, enquête appuyée sur la liste entière des vertus et des vices, ou bien il s'agit de quelque passion à soulever au fond des cœurs, à calmer, à éteindre : ce genre comprend l'exhortation, le blâme, la consolation, la plainte pathétique, enfin tout ce qui est capable d'exciter toutes les émotions de l'âme, et, le cas échéant, de les apaiser.

119 « Voilà toutes les espèces et genres de discussions, et peu importe qu'il y ait quelque différence entre mon

Atque eae quidem disceptationes, quae ad cognitionem referuntur, sic fere a doctissimis hominibus distribuuntur.

XXX. **118** Quae uero referuntur ad agendum aut in offici disceptatione uersantur, quo in genere quid rectum faciendumque sit quaeritur, quoi loco omnis uirtutum et uitiorum est silua subiecta, aut in animorum aliqua permotione aut gignenda aut sedanda tollendaue tractantur. Huic generi subiectae sunt cohortationes, obiurgationes, consolationes, miserationes omnisque ad omnem animi motum et impulsio, et, si ita res feret, mitigatio.

119 Explicatis igitur his generibus ac modis disceptationum omnium nihil sane ad rem pertinet si qua in re discrepauit ab Antoni diuisione nostra partitio. Eadem sunt membra in utriusque disputatione, sed paulo secus a me atque ab illo partita ac tributa. Nunc ad reliqua progrediar meque ad meum munus pensumque reuocabo. Nam ex illis locis, quos exposuit Antonius, omnia sunt ad quaeque genera quaestionum argumenta sumenda ; sed aliis generibus alii loci magis erunt apti ; de quo non tam quia longum est quam quia perspicuum est, dici nihil est necesse.

117 cognitionem *VOPA*^{2} : cognat — *A*^{1}*EH* ‖ quid *AEH* : qui *VOP* ‖ distribuuntur *VOPE*^{2} : discribuntur *AE*^{2}*H*.

118 faciendumque *cet.* : —nc *O* ‖ quoi *H* : quo in *AE* cui *VOP* ‖ silua *VOP* : illa *AEH* ‖ subiecta *AEH* : — te *VOP* ‖ animorum *cet.* : amic — *O* ‖ cohortationes *cet.* : hort — *OP*^{2} ‖ consolationes *VOP* : consulat. *AEH*.

119 nihil sane — diuisione *habet* NON. *p.* 480 *M.* ‖ discrepauit *AEH* : discrepuit *LVOP* NON. ‖ nostra *cet.* : nos *LV*^{1}*O*^{1}*P*^{1} ‖ Eadem *AEH* : eadem enim *VOP* ‖ utriusque disputatione *AEH* : utrisque disputationibus *VOP* ‖ tributa *AEH* : distr — *VOP*.

classement et la division adoptée par Antoine (1) : nos deux systèmes sont formés des mêmes pièces, mais classées et distribuées d'une façon qui n'est pas tout à fait identique. Maintenant je vais aborder ce qui me reste à dire et me rappeler à mon rôle et à ma tâche (2). Car les lieux exposés par Antoine sont une mine qui fournit des arguments pour tous les genres de questions ; chaque genre a cependant ses lieux qui lui conviennent mieux ; c'est un point qu'il est inutile de traiter, non que la chose soit longue, mais parce qu'elle est évidente.

Nouvelle digression : Nécessité pour l'orateur d'une instruction étendue (120-143)

120 « Ceci posé, les discours les plus brillants sont ceux où l'on se donne le champ le plus vaste, et où, d'un cas particulier, on se porte, on se tourne (3) à l'examen de la question en ce qu'elle a de plus général, de telle sorte que l'auditeur, après avoir saisi la question dans sa nature, dans son fond, dans ce qu'elle a de général, peut se prononcer sur les circonstances particulières à l'accusé, à l'accusation criminelle, aux procès civils à juger. **121** C'est la pratique de cette façon d'agir qu'Antoine vous a recommandée (4) à vous, jeunes gens (5), estimant que vous deviez franchir les bornes étroites et restreintes d'une contestation mesquine pour aborder en leur fond toute la diversité des discussions. Un pareil service, ce n'est donc pas la lecture de quelques traités qui vous le rendra, au rebours de ce qu'imaginent ceux qui ont écrit sur l'art de parler ; il n'y suffit pas non plus d'une maison de campagne à Tusculum, ou d'une conversation

(1) Livre II, §§ 163 et suiv.
(2) Parler de l'élocution proprement dite.
(3) Je n'ai pas pu rendre l'effet voulu *conferunt* et *conuertunt*.
(4) Livre II, §§ 133 et suiv.
(5) Crassus s'adresse surtout à Sulpicius et à Cotta.

120 Ornatissimae sunt igitur orationes eae, quae latissume uagantur et a priuata [et a singulari] controuersia se ad uniuersi generis uim explicandam conferunt et conuertunt, ut ei, qui audiant, natura et genere et uniuersa re cognita, de singulis reis et criminibus et litibus statuere possint. **121** Hanc ad consuetudinem exercitationis uos, adulescentes, est cohortatus Antonius atque a minutis angustisque concertationibus ad omnem uim uarietatemque uos disserendi traducendos putauit. Quare non est paucorum libellorum hoc munus, ut ei, qui scripserunt de dicendi ratione, arbitrantur, neque Tusculani atque huius ambulationis antemeridianae aut nostrae posmeridianae sessionis. Non enim solum acuenda nobis neque procudenda lingua est, sed onerandum complendumque pectus maximarum rerum et plurimarum suauitate, copia, uarietate. XXXI. **122** Nostra est enim — si modo nos oratores, si in ciuium disceptationibus, si in periculis, si in deliberationibus publicis adhibendi auctores et principes sumus —, nostra est, inquam, omnis ista prudentiae doctrinaeque possessio, in quam homines, quasi caducam atque uacuam, abundantes otio, nobis occupatis inuolauerunt atque etiam aut inridentes oratorem, ut ille in

120 et a singulari *VOP secl. Sorof* : ac s. *AEH* || uim *VOPA*[2]*:* uix *cet.* || natura et genere *VOP :* naturae g. *AEH* || reis *VOP :* rei *AEH* rebus *Matthias* || statuere possint *clausula inusitata.*

121 est cohortatus *VOP :* cohortatus *AEH* || arbitrantur *AEH :* arbitrati sunt *VOP* || ambulationis *cet. :* — nes A^1H^1E || sessionis *cet. :* — nes A^1HE || procudenda *H :* procluenda *VOP* procludenda *A* prouidenda *E.*

122 oratores *AEH :* o. sumus *VOP* || si in p. si in del. *om.* *AEH* || adhibendi *AEH :* adimendi *VOP* || ita *(sic)* prudentiam — inuolauerunt *habet* NON. *p.* 128 *M* || qua *et* caduca *et* uacua *AEH.*

en se promenant, comme celle de ce matin, ou assis, comme cet après-midi. Non, il ne suffit pas d'affiler la langue, de forger l'outil ; il faut bien meubler l'esprit d'un fonds agréable, abondant, varié, de connaissances très nombreuses et très importantes.

XXXI. **122** « A nous (si toutefois nous sommes de vrais orateurs, si dans les causes civiles, si dans les procès criminels, si dans les délibérations publiques nous méritons qu'on nous sollicite de prendre l'initiative et de jouer le principal rôle), à nous, dis-je, tout ce domaine de philosophie et de science, sur lequel des gens, regorgeant de loisirs et profitant de nos occupations, se sont abattus comme sur une terre abandonnée et sans maître. Ils vont même plus loin : ils raillent l'orateur, comme fait le grand Socrate dans le *Gorgias* (1), ils lui cherchent des chicanes, ou bien donnent sur l'art oratoire quelques préceptes en de minces traités qu'ils intitulent traités de rhétorique, comme si l'enseignement des rhéteurs ne comprenait pas en propre tout ce que ces mêmes philosophes disent de la justice, du devoir, de la constitution et du gouvernement des États, de la morale entière. **123** Puisque aujourd'hui nous ne pouvons faire autrement, il nous faut chercher ces notions chez ceux mêmes qui nous ont dépouillés ; mais sachons les appliquer à la vie publique, la nôtre, but où elles tendent et qu'elles visent, et, je le répète (2), ne consumons pas toute notre vie à nous en instruire. Une fois les sources bien vues — et, à moins de les connaître promptement, on ne parviendra jamais à les connaître (3) — on y puisera, toutes les fois que besoin sera, dans la mesure où le demandera la cause. **124** Car si l'intelligence humaine n'a pas reçu de la nature une pénétration assez vive

(1) Cf. livre I, §§ 47 et 103.
(2) Voir §§ 86 et suiv.
(3) Idée déjà exprimée à la fin du § 89.

Gorgia Socrates, cauillantur, aut aliquid de oratoris arte paucis praecipiunt libellis eosque rhetoricos inscribunt, quasi non illa sint propria rhetorum, quae ab eisdem de iustitia, de officio, de ciuitatibus instituendis et regendis, de omni uiuendi [,denique etiam de naturae] ratione dicuntur. **123** Quae quoniam iam aliunde non possumus, sumenda sunt nobis ab iis ipsis, a quibus expilati sumus, dummodo illa ad hanc ciuilem scientiam, quo pertinent et quam intuentur, transferamus, neque, ut ante dixi, omnem teramus in his discendis rebus aetatem ; sed, cum fontis uiderimus, quos nisi qui celeriter cognorit, numquam cognoscet omnino, tum, quotienscumque opus erit, ex eis tantum, quantum res petet, hauriemus. **124** Nam neque tam est acris acies in naturis hominum et ingeniis, ut res tantas quisquam nisi monstratas possit uidere, neque tanta tamen in rebus obscuritas, ut eas non penitus acri uir ingenio cernat, si modo aspexerit.

In hoc igitur tanto tam immensoque campo cum liceat oratori uagari libere, atque, ubicumque constiterit, consistere in suo, facile suppeditat omnis apparatus ornatusque dicendi. **125** Rerum enim copia uerborum copiam gignit ; et, si est honestas in rebus ipsis, de quibus dicitur, existit ex re naturalis quidam splendor in uerbis. Sit modo is, qui dicet aut scribet, et institutus

122 cauillantur — libellis *habet* NON. *p.* 92 *M.* || cauillantur *AEH* NON. : — atur *VOP* || denique — naturae *secl. Bake.*

123 expilati *cet.* : exspoliati $A^2E^2H^2$ || quo *VOP* : qua *AH* quae *E* || discendis *cet.* : dic — *LV.*

124 consistere *om.* *AEH* || facile *om.* *VOP.*

125 uerborum copiam *om.* *AEH* || re naturalis *AEH* : rei natura *VOP* || scribet et *AEH* : scribet *VOP*

pour voir par elle-même de si grandes choses sans qu'on les lui montre, ces choses ne sont pas non plus tellement obscures qu'une intelligence pénétrante ne puisse les bien voir, dès qu'elle y aura porté ses regards.

« Ainsi puisque c'est tout ce champ immense que l'orateur a le droit de parcourir librement, et que, partout où il s'arrête, c'est sur un terrain qui lui appartient, il y trouvera largement tout ce qui peut communiquer à sa parole une allure magnifique et brillante. **125** L'abondance des choses produit en effet l'abondance des mots, et, s'il y a de la noblesse dans les choses mêmes dont il est parlé, il en rejaillit sur les mots une sorte d'éclat naturel. Que celui qui parle ou écrit ait reçu l'éducation et l'instruction qu'on donne aux enfants bien nés, qu'il brûle d'un beau feu pour l'étude, qu'il soit aidé par des dispositions naturelles, qu'il se soit exercé à la discussion de cas généraux et indéterminés, qu'il ait choisi, pour les connaître et les imiter, les plus brillants des écrivains et des orateurs, oh ! alors, il n'aura pas besoin d'aller demander à ces maîtres là (1) le secret de construire les mots ou d'y jeter de l'éclat, tellement, au milieu de cette abondance d'idées, il sera porté doucement et sans guide, par le seul talent naturel, mais un talent exercé, vers les ornements du discours.

L'universalité du savoir était l'apanage des anciens orateurs.

— XXXII **126** Grands dieux ! s'écria Catulus, que de connaissances variées, importantes (2), riches, tu as fait entrer, Crassus, dans ta définition, et de quelle position étroite tu as hardiment tiré l'orateur pour le rétablir dans le royaume de ses ancêtres. Ces vieux maîtres, en effet, qui donnèrent en même temps les premiers modèles de

(1) Les rhéteurs.

(2) Je n'ai pu rendre l'allitération *varietatem* — *vim*.

liberaliter educatione doctrinaque puerili et flagret studio et a natura adiuuetur et in uniuersorum generum infinitis disceptationibus exercitatus ornatissimos scriptores oratoresque ad cognoscendum imitandumque delegerit, ne ille haud sane quem ad modum uerba struat et illuminet a magistris istis requiret. Ita facile in rerum abundantia ad orationis ornamenta sine duce, natura ipsa, si modo est exercitata, delabitur.

XXXII. **126** Hic Catulus : Di immortales, inquit, quantam rerum uarietatem, quantam uim, quantam copiam, Crasse, complexus es quantisque ex angustiis oratorem educere ausus es et in maiorum suorum regno collocare ! Namque illos ueteres doctores auctoresque dicendi nullum genus disputationis a se alienum putasse accepimus semperque esse in omni orationis ratione uersatos. **127** Ex quibus E*l*ius Hippias cum Olympiam uenisset maxima illa quinquennali celebritate ludorum, gloriatus est, cuncta paene audiente Graecia, nihil esse ulla in arte rerum omnium quod ipse nesciret nec solum has artis, quibus liberales doctrinae atque ingenuae continerentur, geometriam, musicam, litterarum cognitionem et poetarum, atque illa, quae de naturis rerum, quae de hominum moribus, quae de rebus publicis dicerentur, sed anulum, quem haberet, pallium, quo amictus, soccos, quibus indutus esset, se sua manu

125 ad cognoscendum *VOP* : cog — *AEH* || delegerit *AEH* : cognorit *VOP* || haud *O* : aut *cet.* || struet *VOPH*[1] : struat *cet.* || orationis *AEH* : ornat — *VOP* || delabitur *VOP*: labetur *AEH*.

126 ueteres *om. VOP*.

127 Elius *vulg.* : et eius *AEH* Erilius *VOP* || paene *VOP* : saepe *AEH* || audiente *VOP* : — ntibus *AEH* || nec *cet.* : non *H* || se sua *VOP* : sua *AEH*.

l'art de parler, nous savons qu'ils ne regardaient aucune matière de discussion comme hors de leur domaine et qu'ils ne cessaient de traiter toute sorte de sujets. **127** L'un d'eux, Hippias d'Élis, étant venu à Olympie pour ces jeux célèbres qui, tous les cinq ans, y attiraient une grande affluence de peuples, se vantait, devant la Grèce presque entière, qu'il n'y avait rien, en aucun ordre de connaissances, qui lui fût étranger, non seulement celles dont nous parlons maintenant, et qui constituent la culture d'un homme libre et bien né, géométrie, musique, belles-lettres, poèsie, voire les sciences de la nature, des mœurs, des affaires publiques ; l'anneau même, qu'il portait, le manteau qui le couvrait, les socques, dont il était chaussé, il les avait fabriqués de ses propres mains. **128** Et sans doute il allait trop loin ; mais, par ce seul exemple, on peut aisément juger tout ce que les orateurs cherchaient à savoir des arts les plus relevés, eux qui ne dédaignaient pas même les plus grossiers.

« Que dire des de Prodicus de Cèos ? de Thrasymaque de Chalcédoine ? de Protagoras d'Abdère ? Chacun d'eux, à cette époque reculée, parla et écrivit abondamment, même sur les choses de la nature. **129** Prenons encore Gorgias de Léontium lui même, que Platon voulut choisir comme avocat de l'éloquence lorsqu'il immola celle-ci à la philosophie (1) ; en réalité, ou Gorgias ne fut jamais vaincu par Socrate et le dialogue de Platon n'est qu'une invention, ou, si Gorgias fut vaincu, c'est que Socrate, n'en doutons pas, se montra plus éloquent, plus disert, et, selon ta propre expression (2), plus abondant et plus habile orateur. Quoiqu'il en soit, Gorgias, dans cet ouvrage même de Platon, se fait fort de développer avec une extrême abondance toutes les questions qu'on voudra soumettre à un débat et à un examen, et il est

(1) Dans le *Gorgias*.
(2) Livre I, § 47.

confecisse. **128** Scilicet nimis hic quidem est progressus, sed ex eo ipso est coniectura facilis quantum sibi illi oratores de praeclarissimis artibus appetierint, qui ne sordidiores quidem repudiarint.

Quid de Prodico Cio, de Thrasymacho Calchedonio, de Protagora Abderita loquar ? quorum unus quisque plurimum temporibus illis etiam de natura rerum et disseruit et scripsit. **129** Ipse ille Leontinus Gorgias, quo patrono, ut Plato uoluit, philosopho succubuit orator, qui aut non est uictus umquam a Socrate neque sermo ille Platonis uerus est, aut, si est uictus, eloquentior uidelicet fuit et disertior Socrates, et, ut tu appellas, copiosior et melior orator — sed hic in illo ipso Platonis libro de omni re, quaecumque in disceptationem quaestionemque uocetur, se copiosissime dicturum esse profitetur isque princeps ex omnibus ausus est in conuentu poscere qua de re quisque uellet audire [cui tantus honos habitus est a Graecia, soli ut ex omnibus Delphis non inaurata statua sed aurea statueretur].

130 Sed ii, quos nominaui, multique praeterea summique dicendi doctores uno tempore fuerunt ; ex quibus intellegi potest ita se rem habere, ut tu, Crasse, dicis,

127 confecisse *VOP* : — isset *AEH*.

128 ipso est *VOP* : ipsi *AEH* || illi *AEH* : illi ipsi *VOP* || appetierint *AEH* : appeterent *VOP* || repudiarint *VOP* : — arent *AEH*.

129 si est *AEH* : si est uictus *VOP* || et ut tu *VOP* : ut tu *AEH* ipso *om.* *AEH* || uocetur *E* : reuocetur *AH* uocaretur *VOP* || cui tantus — statueretur *secl. ut glossema* || habitus est *AEH* : est h. *VOP*.

130 Sed *AEH* : atque *VOP* || ii *H* : hi *cet.* || summique *AEH* : summi *VOP* || doctores *cet.* : auct — E^1H.

le premier qui, devant une foule assemblée, ait demandé sur quel sujet on désirait qu'il parlât.

130 « Ceux que je viens de nommer et beaucoup d'autres maîtres illustres de la parole vécurent dans le même temps ; d'où l'on peut conclure que les choses sont bien comme tu le dis, Crassus (1), et que la profession d'orateur, dans l'ancienne Grèce, vraiment se distinguait par plus de connaissances (2) et plus de gloire. **131** Raison de plus pour me demander s'il faut décerner à toi plus d'éloges ou aux Grecs plus de blâme, à toi qui, de naissance ne parlant pas la même langue et ne connaissant pas les mêmes mœurs, dans une cité où règne le tourbillon des affaires, partagé entre les intérêts de clients innombrables, l'administration du monde entier et le gouvernement d'un immense empire, n'en as pas moins su embrasser un tel ensemble de connaissances et les allier à la science et à la pratique de l'homme d'État, si influent dans la cité par ses conseils et son éloquence ; les Grecs, au contraire, nés au sein des belles lettres, passionnés pour ces études, jouissant de tout loisir, non seulement n'ont pas accru, mais n'ont même pas su conserver l'héritage laissé par leurs ancêtres et qui leur appartenait en propre.

Les anciens orateurs ont été dépossédés de leur apanage, mais doivent revendiquer leur bien (132-149)

— XXXIII **132** « Ce n'est pas seulement cet art, reprit Crassus, mais bien d'autres encore qui ont perdu de leur grandeur par les divisions et les démembrements qu'on y a introduits. Crois-tu, Catulus, que, du temps du grand Hippocrate de Cos,

(1) Allusion à la théorie de Crassus sur l'union initiale de l'éloquence et de la philosophie.

(2) Ou, peut-être, mais moins vraisemblablement : par le nombre de ceux qui l'exerçaient.

oratorisque uel copia uel gloria floruisse. **131** Quo quidem magis dubito tibine plus laudis an Graecis uituperationis statuam esse tribuendum, cum tu in alia lingua ac moribus natus, occupatissima in ciuitate, uel priuatorum negotiis paene omnibus uel orbis terrae procuratione ac summi imperi gubernatione destrictus, tantam uim rerum cognitionemque comprenderis eamque omnem cum eius, qui consilio et oratione in ciuitate ualeat, scientia atque exercitatione sociaris, illi nati in litteris, ardentes iis studiis, otio uero diffluentes, non modo nihil adquisierint, sed ne relictum quidem et traditum et suum conseruarint.

XXXIII. **132** Tum Crassus : Non in hac, inquit, una, Catule, re, sed in aliis etiam compluribus distributione partium ac separatione magnitudines sunt artium deminutae. An tu existumas, cum esset Hippocrates ille Cous, fuisse tum alios medicos, qui morbis, alios, qui uulneribus, alios, qui oculis mederentur ? Num geometriam Euclide aut Archimede, num musicam Damone aut Aristoxeno, num ipsas litteras Aristophane aut Callimacho tractante tam discerptas fuisse, ut nemo genus uniuersum complecteretur atque ut alius aliam sibi partem in qua elaboraret seponeret ? **133** Equi-

131 tibine plus *VOP :* tibine *AEH* ‖ tribuendum *VOP :* —dam *AEH* ‖ destrictus *AH :* dis — *cet.* ‖ rerum *om. AEH* ‖ comprenderis *et* sociaris *AEH :* —res *VOP* ‖ ardentes *AEH :* ardentesque *VOP* ‖ iis *H :* his *cet.*

132 Non in *VOP :* non *AEH* ‖ re *om. AEH* ‖ compluribus *VOP :* quam pl — *AEH* ‖ magnitudines *cet. :* — nis *AE* ‖ deminutae *cet. :* dim — P^2 diuinitate P^1 ‖ Num *cet. :* nam *AE* ‖ num ipsas l. A. *om. VOP* ‖ discerptas *cet. :* — ta A^1EH — tam A^2 ‖ uniuersum *VOP :* — sorum *AEH* ‖ elaboraret *cet. :* elaboret *AE.*

il y avait des médecins spécialisés dans le traitement, les uns des maladies, d'autres des blessures, d'autres encore des yeux ? Quand Euclide et Archimède cultivaient la géométrie, Damon et Aristoxène la musique, Aristophane et Callimaque enfin la critique littéraire, ces connaissances étaient-elles si morcelées que personne n'en possédât une tout entière, mais que chacun se bornât à choisir telle ou telle partie, pour y appliquer son effort ? **133** Pour moi, j'ai souvent entendu dire à mon père et à mon beau-père que, chez nous aussi, ceux qui cherchaient à se distinguer en méritant le glorieux titre de sages avaient coutume d'embrasser tout le savoir, j'entends tout le savoir auquel notre cité était alors parvenue. Ils se rappelaient Sex. Aelius — de même que nous avons, nous, vu M' Manilius (1) — se promenant d'un bout à l'autre du forum, ce qui était une manière d'indiquer nettement à tous ses concitoyens qu'il tenait ses conseils à leur disposition ; et, autrefois, tandis qu'ils se promenaient ainsi ou qu'ils attendaient chez eux dans leur fauteuil, on allait les trouver pour les consulter non seulement sur le droit (2), mais sur une fille à établir, une terre à acheter, un champ à cultiver, bref sur toute sorte de devoirs ou d'affaires. **134** Telle fut la sagesse du grand P. Crassus l'ancien, de Ti. Coruncanius, de Scipion (3) le bisaïeul de mon gendre, au jugement particulièrement éclairé, tous d'ailleurs grands pontifes, si bien qu'on les consultait au sujet de n'importe quelle chose divine ou humaine ; dans le sénat, devant le peuple, ou dans les procès de leurs amis, dans la paix comme dans la guerre, ils étaient toujours là pour donner leurs sûrs avis.

(1) Consul en 149.

(2) Le *jus civile* latin s'oppose au droit international ; il comprend donc beaucoup plus que ce que nous désignons par droit civil.

(3) P. Cornelius Scipio Nasica Corculum, consul en 162 et 155, censeur en 159.

dem saepe hoc audiui de patre et de socero meo nostros quoque homines, qui excellere sapientiae gloria uellent, omnia, quae quidem tum haec ciuitas nosset, solitos esse complecti. Meminerant illi Sex. Aelium ; M'. uero Manilium nos etiam uidimus trauorso ambulantem foro, quod erat insigne eum, qui id faceret, facere ciuibus suis omnibus consili sui copiam ; ad quos olim et ita ambulantis et in solio sedentis domi sic adibatur, non solum ut de iure ciuili ad eos, uerum etiam de filia collocanda, de fundo emendo, de agro colendo, de omni denique aut officio aut negotio referretur. **134** Haec fuit P. Crassi illius ueteris, haec Ti. Coruncani, haec proaui generi mei Scipionis prudentissimi hominis sapientia, qui omnes pontifices maximi fuerunt, ut ad eos de omnibus diuinis atque humanis rebus referretur ; eidemque in senatu et apud populum et in causis amicorum et domi et militiae consilium suum fidemque praestabant. **135** Quid enim M. Catoni praeter hanc politissimam doctrinam tramarinam atque aduenticiam defuit ? Num, quia ius ciuile didicerat, causas non dicebat ? aut, quia poterat dicere, iuris scientiam neglegebat ? Vtroque in genere elaborauit et praestitit. Num propter hanc ex priuatorum negotiis collectam gratiam tardior in re publica capessenda fuit ? Nemo apud

133 et de *cet.* : et *E* || illi *om. HE* || M' *vulg.* : M. *VOP* Marcum *AEH* || Manilium *AEH* : Manlium *VOP* || uidimus *bis AEH* || facere *om. AEH* || suis *om. VOP* || et ita *cet.* : ita *H* || de agro colendo *om. AEH* || referretur *VOP* : repeteretur *H* repereretur *A* repperetur *E*.

134 in senatu *AEH* : et in s. *VOP*.

135 didicerat *LV* : non d. *cet.* || Vtroque *AEH* : at u. *VOP* || elaborauit *AEH* : et laborauit *VOP* || collectam *AEH* : coniectam *VOP*.

135 Et à M. Caton, qu'a-t-il manqué, sinon cette fleur de culture, production d'outre-mer et importation de l'étranger ? Il avait appris le droit ; en plaidait-il moins pour cela ? Il était capable de plaider, négligeait-il pour cela la science du droit ? Non, il s'appliqua à l'un et à l'autre et y réussit également. Et la popularité qu'il acquit en soutenant les intérêts des particuliers le rendit-elle moins empressé à prendre en mains les affaires de l'État ? Personne, devant le peuple, ne fut plus énergique, au sénat ne fut plus utile. Ajoutez que, sans conteste, il était également un général de premier ordre. Enfin tout ce que, de son temps, on pouvait savoir et apprendre dans notre ville, il l'étudia, le sut et même en écrivit.

136 Aujourd'hui, par contre, ceux qui aspirent à obtenir les honneurs et à conduire les affaires se présentent généralement nus et sans armes, ne possédant ni culture ni connaissances aucunes. S'en trouve-t-il un par hasard qui ait quelque valeur, il est transporté d'orgueil, s'il apporte un seul mérite spécial, soit la bravoure du soldat, soit une certaine pratique de la guerre — encore, sous ce double rapport, sommes-nous bien déchus —, soit la science du droit — et pas de tout le droit, car le droit pontifical, qui en est une partie nécessaire, personne ne l'apprend — soit l'éloquence, qu'ils font consister en des éclats de voix et un flux de paroles. Mais la solidarité, la parenté, qui unit toutes les belles connaissances et même toutes les qualités personnelles, c'est une chose qu'on ne connaît plus.

XXXIV. **137** « Je reviens aux Grecs, que nous ne pouvons laisser de côté du moins dans une conversation sur ce sujet, car c'est chez nous qu'il faut chercher les exemples de qualités morales, mais chez eux de science. On dit que, dans le même temps, vécurent chez eux sept hommes qui furent regardés comme des sages et appelés

populum fortior, nemo melior senator, et idem facile optimus imperator ; denique nihil in hac ciuitate temporibus illis sciri disciue potuit, quod ille non cum inuestigarit et scierit tum etiam conscripserit.

136 Nunc contra plerique ad honores adipiscendos et ad rem publicam gerendam nudi ueniunt atque inermes, nulla cognitione rerum, nulla scientia ornati. Sin aliquis excellit unus e multis, effert se, si unum aliquid adfert, aut bellicam uirtutem aut usum aliquem militarem — quae sane nunc quidem obsoleuerunt —, aut iuris scientiam — ne eius quidem uniuersi ; nam pontificium, quod est coniunctum, nemo discit —, aut eloquentiam, quam in clamore et in uerborum cursu positam putant ; omnium uero bonarum artium, denique uirtutum ipsarum societatem cognationemque non norunt.

XXXIV. **137** Sed ut ad Graecos referam orationem, quibus carere hoc quidem sermonis genere non possumus — nam ut uirtutes a nostris, sic doctrinae sunt ab illis petenda —, septem fuisse dicuntur uno tempore, qui sapientes et haberentur et uocarentur. Hi omnes praeter Milesium Thalem ciuitatibus suis praefuerunt. Quis doctior isdem temporibus illis aut cuius eloquentia litteris instructior fuisse traditur quam Pisistrati ?

135 et idem *AEH* : idem *VOP* || facile *om. AEH* || illis *om. AEH.*

136 nullam cognitionem rerum *om. VOP* || excellit *AEH* : — let *VOP* || obsoleuerunt VOP^2 : obsoluerunt *cet.* || pontificium *cel.* : — cum AH^1 || cognationemque *cel.* : cogitat — AEH^1

137 carere hoc *AEH* : c. in hoc *VOP* || uirtutes *AEH* : — tis *VOP* || petenda A^2H^2 : — dae A^1EH^1 repetenda *VOP* || temporibus illis *AEH* : i. t. *VOP* || traditur *om. AEH* || ita *om. AEH.*

de ce nom. Tous, excepté Thalès de Milet, dirigèrent les affaires de leur cité. Qui, vers cette même époque, fut plus instruit que Pisistrate et d'une éloquence plus nourrie de connaissances littéraires ? Le premier, assure-t-on, il remédia à la confusion antérieure des poèmes homériques et les disposa dans l'ordre où nous les avons (1). Il a, je le confesse, mal servi ses concitoyens, mais son éloquence eut un tel éclat qu'on la mettait au premier rang pour le fonds de connaissances littéraires et scientifiques. **138** Et Périclès ? Sa parole, selon la tradition, était si puissante, que, un jour qu'il parlait sans complaisance contre les inclinations des Athéniens, pour le salut de la patrie, la thèse même qu'il soutenait contre les hommes qui flattaient le peuple devint, à ce qu'il semble, populaire et agréable à la multitude. Les poètes de la comédie ancienne, tout en le maltraitant, ce qui était alors permis à Athènes, avouaient que la grâce habitait sur ses lèvres et en même temps que la puissance de son discours laissait comme une sorte d'aiguillon enfoncé dans l'âme des auditeurs. Il n'avait pas eu comme maître, lui, un déclamateur enseignant à criailler près d'une clepsydre, mais, nous dit-on, Anaxagare de Clazomène, un homme éminent par la possession des plus sublimes connaissances. Aussi, devenu hors pair par son savoir, ses conseils, son éloquence, gouverna-t-il quarante ans les Athéniens à la fois dans la paix et dans la guerre. **139** Et Critias ? et Alcibiade ? Certes ils ne firent pas le bonheur de la cité, mais ils furent à coup sûr instruits et éloquents. Et où s'étaient ils formés ? N'est-ce pas dans les entretiens de Socrate ? Qui orna Dion le Syracusain de tous les genres de connaissance ? Ne fut-ce pas Platon ? Et son maître, non seulement d'éloquence, mais de résolution et de vertu, l'inspira, le pré-

(1) Le sens précis de ce passage est très discuté.

Qui primus Homeri libros confusos antea sic disposuisse dicitur ut nunc habemus. Non fuit ille quidem ciuibus suis utilis, sed ita eloquentia floruit, ut litteris doctrinaque praestaret. **138** Quid Pericles ? de cuius *ui* dicendi sic accepimus, ut, cum contra uoluntatem Atheniensium loqueretur pro salute patriae seuerius, tamen id ipsum, quod ille contra populares homines doceret, populare omnibus et iucundum uideretur ; cuius in labris ueteres comici, etiam cum illi male dicerent, quod tum Athenis fieri licebat, leporem habitasse dixerunt tantamque in eodem uim fuisse, ut in eorum mentibus, qui audissent, quasi aculeos quosdam relinqueret. At hunc non declamator aliquis ad clepsydram latrare docuerat, sed, ut accepimus, Clazomenius ille Anaxagoras, uir summus in maximarum rerum scientia. Itaque hic doctrina, consilio, eloquentia excellens, XL annis praefuit Athenis et urbanis eodem tempore et bellicis rebus. **139** Quid Critias ? quid Alcibiades ? ciuitatibus quidem suis non boni, sed certe docti atque eloquentes, nonne Socraticis erant disputationibus eruditi ? Quis Dionem Syracosium doctrinis omnibus expoliuit ? non Plato ? atque eum idem ille non linguae solum, uerum etiam animi ac uirtutis magister ad liberandam patriam impulit, instruxit, armauit. Aliisne igitur artibus hunc Dionem instituit Plato, aliis

138 ui dicendi *codd. aliquot dett.* : dicendi copia *VOP* dicendi *AEH* || cum contra *VOP* : contra *AEH* || doceret *AEH* : dic — *VOP* || labris *VOP* : libris *AEH* || mentibus *cet.* : mentes *O* || eodem *AEH* : eo *VOP* || declamator *AEH* : clam — *VOP* || aliquis *cet.* : aliqui *AEO* || maximarum *cet.* : maxima *H* || annis *AEH* : annos *VOP*.

139 quidem suis *AEH* : s. q. *VOP*.

para, l'arma pour la délivrance de sa patrie. Ces leçons que Platon donna à Dion furent-elles, au reste, différentes de celles qu'Isocrate donna à Timothée, cet homme si célèbre, fils du grand général Conon, lui-même général de premier ordre en même temps qu'homme très instruit, ou de celles que Lysis, célèbre pythagoricien, donna au Thébain Epaminondas, peut-être le plus grand homme vraiment de tous les Grecs, ou Xénophon à Agèsilas, ou Philolaos à Archytas de Tarente, ou Pylthagore lui même à toute cette vieille Grèce italienne qui s'appela autrefois la Grande-Grèce ? Pour ma part je ne le pense pas.

XXXV. **140** « Je vois en effet qu'il y avait, on peut dire, un seul enseignement, pour l'homme qui voulait orner son esprit et pour celui qui voulait se distinguer en politique ; si l'on avait reçu cet enseignement, si, de plus, l'on apportait un heureux débit et que les dispositions naturelles ne fissent pas obstacle à la pratique de l'art oratoire, on excellait dans l'éloquence. **141** Aussi Aristote lui-même, témoin du succès d'Isocrate, qui, en renonçant aux discussions sur des sujets judiciaires et politiques pour s'appliquer à l'élégance de la forme, sans s'occuper du fond, attirait à lui l'élite des élèves, Aristote changea tout à coup presque entièrement sa méthode d'enseignement et modifia légèrement un vers de *Philoctète*. Le héros disait qu'il avait honte de se taire et de laisser parler les barbares ; Aristote disait : de laisser parler Isocrate. Il donna donc plus de brillant, plus d'éclat à tout son enseignement ; à l'étude théorique des choses il joignit la pratique de l'éloquence. Ce mérite ne resta pas ignoré de Philippe, ce roi si éclairé, qui appela Aristote auprès d'Alexandre, son fils, pour que ce prince apprît de lui en même temps à bien faire et à bien parler.

142 « Maintenant, à ce philosophe qui nous rend maîtres du fond et de la forme, qu'on donne, si l'on veut,

Isocrates clarissimum uirum Timotheum, Cononis praestantissimi imperatoris filium, summum ipsum imperatorem hominemque doctissimum ? aut aliis Pythagorius ille Lysis Thebanum Epaminondam, haut scio an summum uirum unum omnis Graeciae ? aut Xenophon Agelisaum ? aut Philolaus Archytam Tarentinum ? aut ipse Pythagoras totam illam ueterem Italiae Graeciam, quae quondam magna uocitata est ? Equidem non arbitror.

XXXV. **140** Sic enim uideo, unam quandam omnium rerum, quae essent homine erudito dignae, atque eo, qui in re publica uellet excellere, fuisse doctrinam ; quam qui accepissent, si eidem ingenio ad pronmuntiandum ualuissent et se ad dicendum quoque non repugnante natura dedissent, eloquentia praestitisse. **141** Itaque ipse Aristoteles cum florere Isocratem nobilitate discipulorum uideret, quod [ipse] suas disputationes a causis forensibus et ciuilibus ad inanem sermonis elegantiam transtulisset, mutauit repente totam formam prope disciplinae suae uersumque quendam Philoctetae paulo secus dixit. Ille enim turpe sibi ait esse tacere, cum barbaros, hic autem, cum Isocratem pateretur dicere. Itaque ornauit et illustrauit doctrinam illam omnem rerumque cognitionem cum orationis exercitatione coniunxit. Neque uero hoc fugit sapientissimum regem Philippum, qui hunc Alexandro filio doctorem

139 Graeciam *VOP :* Graeciae *AEH.*
141 suas *Friedrich :* ipse suas *codd.* is suas *Piderit* || dixit *AEH :* dixit de Philocteta *VOP* || barbaros *AEH :* — ris *VOP* || pateretur *VOP :* — mur *AEH* || ornauit *AEHO*[2] *:* arm — *cet.* || Neque *VO :* nec *P* ne *AEH.*

le nom d'orateur, j'y consens, ou, si on le préfère, qu'on donne le nom de philosophe à l'orateur dont nous parlons et qui possède la sagesse unie à l'éloquence, je n'y contredirai pas ; mais établissons bien un point : la faiblesse de la parole, chez l'homme qui possède des idées, mais est incapable de les développer en paroles, n'est pas plus digne de louanges que la faiblesse des connaissances chez l'autre, qui n'a pas d'idées, mais trouve des mots en abondance ; et s'il fallait choisir, j'aimerais mieux les lumières sans facilité de parole que le bavardage avec la sottise. **143** Mais cherchons-nous ce qui doit l'emporter sans contredit : la palme sera pour l'orateur doublé d'un homme instruit. Qu'on permette de le compter parmi les philosophes, et il n'y a plus de discussion. Si l'on sépare au contraire le philosophe et l'orateur, le philosophe n'aura pas l'avantage ; car l'orateur parfait possède toute la science des philosophes, alors que les philosophes, avec tout leur savoir, ne possèdent pas nécessairement l'éloquence. Ils ont beau la mépriser ; c'est elle néanmoins qui semble bien couronner, en quelque sorte, l'édifice de leurs connaissances. »

Après ces mots, Crassus se tut un instant.

Après la digression de Crassus, transition pour revenir au sujet principal, les ornements du discours (144-147)

XXXVI. **144** « En vérité, Crassus, dit alors Cotta, je ne puis me plaindre de ce développement où il me semble bien que tu as parlé d'autre chose que du sujet proposé ; tu as en effet apporté un peu plus que la part que nous t'avions fixée, que le témoignage que nous t'avions demandé. Ton rôle était de nous parler des moyens de donner de l'éclat au discours ; déjà même tu avais abordé la question et réparti sous quatre chefs les différentes qualités du style ; après nous avoir parlé des deux pre-

accierit, a quo eodem ille et agendi acciperet praecepta et eloquendi.

142 Nunc siue qui uolet eum philosophum, qui copiam nobis rerum orationisque tradat, per me appellet oratorem, quem ego dico sapientiam iunctam habere eloquentiae, philosophum appellare malet, non impediam, dummodo hoc constet, neque infantiam eius, qui rem norit, sed eam explicare dicendo non queat, neque inscientiam illius, cui res non suppetat, uerba non desint, esse laudandam; quorum si alterum sit optandum, malim equidem indisertam prudentiam quam stultitiam loquacem. **143** Si quaerimus quid unum excellat ex omnibus, docto oratori palma danda est; quem si patiuntur eundem esse philosophum, sublata controuersia est. Sin eos diiungent, hoc erunt inferiores, quod in oratore perfecto inest illorum omnis scientia, in philosophorum autem cognitione non continuo inest eloquentia; quae quanquam contempnatur ab eis, necesse est tamen aliquem cumulum illorum artibus afferre uideatur.

Haec cum Crassus dixisset, parumper et ipse conticuit [et ceteris silentium fuit].

XXXVI. **144** Tum Cotta : Equidem, inquit, Crasse,

141 agendi *om. AEH.*

142 malet *A :* mallet *E* malit *cet.* || modo hoc —loquacem *habet* GELL. 1, 15, 6 || modo hoc — laudandam *habet* NON. *p.* 56 *M.* || dummodo *cet. :* modo NON. || norit *cet. :* nouit O^1P nouerit *NON.* || non suppetat *AE :* non suppetit *VOP* non suppeditet NON. suppetat *H* || stultitiam loquacem *codd. :* stultam loquacitatem GELL.

143 si quaerimus *AEH :* sin q. *VOP* || docto *VOP :* doctoribus *VOP* || diiungent AEH^1 *:* disi — *cet.* || quamquam *AEH :* quamuis *VOP* || eis *AEH :* his *VOP* || ipse *AEH :* et ipse *VOP* || et ceteris — fuit *secl. Friedrich* || et ceteris *AEH :* et a c. *VOP.*

mières de façon suffisante pour nous, mais, selon toi (1), rapide et étriquée, il t'en restait deux, les ornements de l'élocution, puis sa convenance au sujet. **145** Déjà tu abordais ces points, lorsque je ne sais quel flot bouillonnant de ton génie, t'écartant brusquement du rivage, t'a lancé en pleine mer, où tous les regards avaient peine à te suivre. Cette universalité de connaissances, que tu as embrassée, tu n'as pu en effet la développer sous nos yeux ; le temps, pour cela, était trop court. Je ne puis dire l'impression que tu as produite sur les autres interlocuteurs ; mais moi, tu m'as jeté entièrement dans les bras de l'Académie (2). Je voudrais fort, comme tu l'as souvent établi (3), qu'il ne fût pas nécessaire d'y consacrer sa vie entière et qu'on pût pénétrer d'un coup d'œil tout ce qu'elle contient ; mais, quand même je devrais y trouver quelques difficultés ou si mon intelligence est un peu lente, je suis décidé à n'avoir ni repos ni relâche que je n'aie saisi la méthode et les procédés à deux faces de ces philosophes pour soutenir le pour et le contre sur chaque question ».

146 César dit alors : « Une chose, Crassus. m'a surtout frappé dans ce que tu viens de dire. Tu as assuré que l'homme qui n'apprend pas promptement ne peut jamais apprendre à fond (4). Il m'en coûte donc peu d'essayer, car ou je possèderai aussitôt ces connaissances que tes paroles ont portées aux nues, ou, si je n'y réussis pas, je n'irai pas perdre mon temps, puisqu'aussi bien je puis me contenter de notre bagage à nous autres Romains (5).

(1) § 52.

(2) Allusion aux tendances académiques de *Cotta* ou plutôt à ces *politici philosophi* du § 120 qui, sur chaque question, discutaient le pour et le contre.

(3) §§ 86 et 123.

(4) Voir § 89.

(5) Aux théories des Grecs, il oppose les connaissances pratiques et le bon sens des Romains.

non possum queri quod mihi uideare aliud quiddam et id quod non susceperis disputasse ; plus enim aliquanto attulisti, quam tibi erat attributum a nobis ac denuntiatum ; sed certe ut eae partes fuerunt tuae, de illustranda oratione ut diceres, et eras ipse iam ingressus atque in quattuor partis omnem orationis laudem discripseras, cu*m* de duabus primis nobis quidem satis, sed ut ipse dicebas, celeriter exigueque dixisses, duas tibi relicuas feceras, quem ad modum primum ornate, dein etiam apte diceremus, **145** quo cum ingressus esses, repente te quasi quidam aestus ingeni tui procul a terra abripuit atque in altum a conspectu paene omnium abstraxit. Omnem enim rerum scientiam complexus non tu quidem eam nobis tradidisti, neque enim fuit tam exigui temporis ; sed apud hos quid profeceris nescio, me quidem in Academiam totum compulisti. In qua uelim sit illud, quod saepe posuisti, ut non necesse sit consumere aetatem atque ut possit is illa omnia cernere, qui tantummodo aspexerit ; sed etiam si est aliquando spissius aut si ego sum tardior, profecto numquam conquiescam neque defetigabor ante quam illorum ancipitis uias rationesque et pro omnibus et contra omnia disputandi percepero.

144 id quod non *H* : q. non id *AE* non id q. *VOP* || erat *AEH* : esset *VOP* || attributum *LVP* : trib — *cet.* || ac denuntiatum *om. AEH* || ut eae *AEH* : eae *VOP* || fuerunt tuae *AEH* : fuerant de *VOP* || eras *VOP* : erat *AEH* || orationis *VOP* : — nem *AEH* || discripseras *A* : des—*cet.* || cum de duabus *vulg.* : cumque d. *AEH* cumque de d. *VOP* || dicebas *om. AEH* || dein *LV* : deinde *cet.*

145 repente te *VOP* : repente *AEH* || non tu *VOP* : non *AEH* || Academiam *VOP* : — ia *AEH* || totum *om. VO*[1]*P* || possit *VOP* posset *AEH* || aliquando *AEH* : — to *VOP* || rationesque *AEH* : rationis *VOP*.

— **147** Pour moi, reprit Sulpicius, je n'ai besoin, Crassus, ni de ton Aristote, ni de Carnéade, ni d'aucun philosophe, dusses-tu supposer que je désespère de réussir à apprendre à fond ce qu'ils enseignent, ou, ce que je fais, que je les dédaigne. En ce qui me concerne, la pratique courante du barreau et des questions juridiques les plus communes me suffit pour m'élever au degré d'éloquence où je vise ; encore, dans ce domaine, me reste t-il beaucoup de choses à savoir ; je m'en instruis, lorsque j'y suis obligé par une cause dont je suis chargé. Donc, si d'aventure tu n'es pas trop fatigué et si nous ne te sommes pas importuns, reviens à ce qui concerne la beauté et l'éclat de l'élocution considérée en elle-même. Quand j'ai désiré t'entendre sur ce point, c'était, non pour désespérer de réussir à être éloquent, mais pour acquérir quelques nouvelles connaissances.

Grandes divisions des ornements du discours (148)

XXXVII. **148** Crassus répondit : « Ce sont des choses bien connues que tu me demandes, Sulpicius, et que tu n'ignores pas. Qui, sur ce sujet, n'a pas donné de leçons, établi de règles, écrit même des traités ? Je me conformerai cependant à ton désir et je t'exposerai en peu de mots exactement ce que, moi, je sais sur la question, tout en vous donnant nettement le conseil de vous reporter aux garants et aux inventeurs de ces règles (1), bien minutieuses à vrai dire.

149 « Eh bien ! tout discours est composé de mots ; il nous faut voir comment on doit les employer, d'abord isolément (2), puis groupés (3), car il y a un ornement du

(1) Cicéron pense certainement à des écrivains grecs. Car nous ne connaissons pas de Latin, antérieur à Crassus, qui ait traité de cette question.

(2) C'est l'objet des §§ 152-170.

(3) Ce point est traité à partir du § 172.

146 Tum Caesar : Vnum, inquit, me ex tuo sermone maxime, Crasse, commouit, quod eum negasti, qui non cito quid didicisset, umquam omnino posse perdiscere, ut mihi non sit difficile periclitari et aut statim percipere ista, quae tu uerbis ad caelum extulisti, aut, si non potuerim, tempus non perdere, cum tamen his nostris possim esse contentus.

147 Hic Sulpicius : Ego uero, inquit, Crasse, neque Aristotelem istum neque Carneadem nec philosophorum quemquam desidero, uel me licet existimes desperare ista posse perdiscere, uel, id quod facio, contemnere. Mihi rerum forensium et communium uolgaris haec cognitio satis magna est ad eam quam specto eloquentiam ; ex qua ipsa tamen permulta nescio, quae tum denique, cum causa aliqua, quae a me dicenda est, desiderat, quaero. Quam ob rem, nisi forte es iam defessus et si tibi non graues sumus, refer ad illa te, quae ad ipsius orationis laudem splendoremque pertinent ; quae ego ex te audire uolui, non ut desperarem me eloquentiam consequi posse, sed ut aliquid addiscerem.

XXXVII. **148** Tum Crassus : Peruolgatas res requiris, inquit, et tibi non incognitas, Sulpici. Quis enim de isto genere non docuit, non instituit, non scriptum etiam reliquit ? Sed geram morem et ea dumtaxat, quae mihi nota sunt, breuiter exponam tibi ; censebo tamen ad

146 si non *VOP* : si *AEH*.
147 desperare *cet.* : desiderare *LVO*[1]*P*[1] || ista posse *AE*[2]*H* : p. i. *VOP* || uel id *VOP* : ut id *AEH* || ob rem *VOP* : omnem *AEH* || ut desperarem *AEHP*[2] : ut non d. *cet.*
148 scriptum etiam *AH* : e. s. *cet.*

style qui se trouve dans les mots pris isolément, un autre qui naît de leur arrangement et de leur groupement dans une phrase.

Les mots considérés isolément (149-170)

« Ces mots dont nous nous servirons sont ou bien les termes propres, déterminés par la nature de l'objet et presque nés (1) avec lui, ou bien ceux qui sont transportés du sens propre au sens figuré et qui se trouvent comme dans une place d'emprunt (2), ou bien que nous créons et fabriquons nous-mêmes.

150 « S'agit-il des mots propres (3) ? Le mérite de l'orateur est d'éviter ceux qui sont triviaux et usés (4), pour employer des termes choisis et brillants, qui semblent pleins en quelque sorte et sonores. C'est dire que, dans cette catégorie de mots propres, il faut faire une sorte de choix, qui sera réglé en prenant l'oreille pour juge, si j'ose dire. A cet égard l'habitude de bien parler est aussi d'un grand secours. **151** Aussi lorsque des profanes disent d'un orateur, comme il arrive souvent : « Celui-ci s'exprime en termes justes » ou : « Tel autre ne s'exprime pas en termes justes », ce n'est pas une opinion réfléchie, fondée sur des règles, mais un jugement dicté en quelque sorte par un sentiment tout naturel. Ici ce n'est pas un grand titre de gloire (5) que d'éviter la faute, bien que ce soit un grand point ; toutefois le sol, pour ainsi dire, et les fondations (6), c'est l'usage facile des mots justes. **152** Que sera l'édifice même bâti par l'orateur et que

(1) Dans les *Partitiones*, Cicéron les appelle *nativa*.

(2) Les métaphores.

(3) « Nouvelle décomposition de l'idée : Crassus prend la première catégorie de mots, les mots propres, et indique les qualités qu'ils doivent avoir ». (Pichon).

(4) Ils sont usés à force de servir.

(5) Cf. *Brutus* 140.

(6) Dans le *Brutus* 273, Cicéron se sert des mêmes expressions pour rendre la même idée.

eos, qui auctores et inuentores sunt harum sane minutarum rerum, reuertendum.

149 Omnis igitur oratio conficitur ex uerbis, quorum primum nobis ratio simpliciter uidenda est, deinde coniuncte. Nam est quidam ornatus orationis, qui ex singulis uerbis est, alius, qui ex continuatis coniunctisque constat.

Ergo utimur uerbis aut iis, quae propria sunt et certa quasi uocabula rerum, paene una nata cum rebus ipsis, aut iis, quae transferuntur et quasi alieno in loco conlocantur, aut iis, quae nouamus et facimus ipsi.

150 In propriis igitur est uerbis illa laus oratoris, ut abiecta et obsoleta fugiat, lectis atque illustribus utatur, in quibus plenum quiddam et sonans inesse uideatur. Sc*ilic*et in hoc uerborum genere propriorum dilectus est habendus quidam atque is aurium quodam iudicio ponderandus est ; in quo consuetudo etiam bene loquendi ualet plurimum. **151** Itaque hoc, quod uolgo de oratoribus ab imperitis dici solet ; Bonis hic uerbis, aut : Aliquis non bonis utitur, non arte aliqua perpenditur, sed quodam quasi naturali sensu iudicatur ; in quo non magna laus est uitare uitium — quamquam est

149 *Deficit E et in A altera recentior manus pergit (A²)* ‖ coniuncte *VOP :* — ta *A²H* ‖ continuatis *VOP :* extenuatis *A²H* ‖ coniunctisque *VOP :* coniunctis *A²H* ‖ utimur *A²H :* utemur *VOP.*

150 *habet* IVLIVS VICTOR *H* 431, 27 *sqq.* ‖ In propriis igitur est uerbis *VOP :* in p. i. est *A²H* in u. p. VICT. ‖ oratoris *om.* VICT. ‖ et obsoleta *H¹ :* aut *A²H²* atque o. *VOP* VICT. ‖ fugiat *codd. :* fugiantur VICT. ‖ lectis *codd. :* electis VICT. ‖ inesse *A²H* VICT. *:* esse *VOP* ‖ scilicet *Stangl :* sed *codd.* VICT. ‖ dilectus *VOP :* del — *A²H* ‖ ponderandus est *A²H* VICT. *:* p. *VOP* ‖ ualet plurimum *codd. :* p. u. VICT.

151 Itaque *A²H :* etiam *VOP* ‖ hic *A²H :* is *VOP.*

son art embellira, voilà, semble-t-il, ce que je dois chercher et expliquer.

XXXVIII. « Donc les mots isolés peuvent fournir à l'orateur trois moyens de jeter sur le style (1) de l'éclat et de l'élégance, à savoir d'employer un mot inusité, un mot nouveau, un mot pris métaphoriquement.

153 « Les mots inusités sont en général des termes archaïques, vieillis, et, par cela même, depuis longtemps sortis de l'usage habituel ; l'emploi en est permis aux poètes plus facilement qu'à nous, à cause des libertés qu'on leur passe ; toutefois, de loin en loin, même en prose, un mot poétique donne un caractère de noblesse. Ainsi je ne craindrais pas de dire, avec Célius (2) : Qua *tempestate Poenus in Italiam uenit* (3), de me servir des mots *proles, suboles, fari, nuncupare* (4), ou d'employer avec toi, Catulus, *non rebar, opinabar,* et beaucoup d'autres termes, qui, placés à propos, semblent souvent communiquer au style un air de grandeur et d'antiquité.

154 « Les mots nouveaux sont ceux que crée et fabrique l'orateur lui-même, ou bien qui sont formés par la réunion de plusieurs mots. Exemples (5) :

Tum pauor sapientiam omnem mi exanimato expectorat.
An non nouisti huius uersutiloquas malitias...

Vous voyez que *uersutiloquas* et *expectorat* sont formés

(1) Je n'ai pu rendre le rapprochement *oratio — orator.*

(2) Il s'agit de Célius Antipater, le premier qui ait donné à l'histoire romaine une forme oratoire. Un peu plus loin (§ 157), Crassus cite comme exemple d'emploi de termes archaïques plusieurs expressions tirées de son histoire.

(3) Quintilien, traitant le même sujet, dit de *fari* et de *nuncupare,* qu'on y revient forcément de temps en temps (8, 3, 27).

(4) *Rebar* est précisément employé par Catulus au § 82. Quintilien déclare ce mot *horridus* (*Inst. Or.*, 8, 3, 26).

(5) Le premier vers est un septénaire trochaïque, le deuxième un sénaire iambique.

magnum —, uerum tamen hoc quasi solum quoddam atque fundamentum est, uerborum usus et copia bonorum. **152** Sed quid ipse aedificet orator et in quo adiungat artem, id esse nobis quaerendum atque explicandum uidetur.

XXXVIII. Tria sunt igitur in uerbo simplici, quae orator adferat ad illustrandam atque exornandam orationem, aut inusitatum uerbum aut nouatum aut tralatum.

153 Inusitata sunt prisca fere ac uetustate ab usu cotidiani sermonis iam diu intermissa, quae sunt poetarum licentiae liberiora quam nostrae ; sed tamen raro habet etiam in oratione poeticum aliquod uerbum dignitatem. Neque enim illud fugerim dicere, ut Coelius : « Qua tempestate Poenus in Italiam uenit », nec « prolem » aut « subolem » aut « effari » aut « nuncupari », aut, ut tu soles, Catule ,« non rebar » aut « opinabar », aut alia multa, quibus loco positis grandior atque antiquior oratio saepe uideri solet.

154 Nouantur autem uerba, quae ab eo qui dicit ipso gignuntur ac fiunt, uel coniungendis uerbis, ut haec :

Tum pauor sapientiam omnem mi exanimato expectorat.
Num non uis huius me uersutiloquas malitias...

151 tamen *A²H* : iam in *VOP* || fundamentum est *A²H* : f. *VOP* || uerborum *A²H* : uerum *VOP*.

152 atque explicandum *om.* *A²H* || sunt igitur *cet.* : sunt *H*.

153 ac uetustate *A²* : ac uetusta *H* uetusta et *VP* ac uetusta et *O* || intermissa quae sunt *A²H* : quae s. i. *VOP* || licentiae *A²H* : — ia *VOP* || nostrae *H²* : nostra *cet.* || poeticum *cet.* : poetae cum *A²* || effari *codd.* : fari QVINT. 8, 3, 27 || nuncupari *codd.* : — re QVINT. *ibid.* || rebar *VOP* : uerebar *A²H* || aut alia *A²H* : et a. *VOP*.

154 Tum — expectorat *cf. Ribb. trag.³* ENNII *Alcumeo* II || mi *A²* : mihi *cet.* || exanimato *om.* *H* || Num uerba *habet* NON. *p.* 189 *M* || Num — malitias *cf. Ribb. trag³. inc. inc.* LXII.

par la réunion d'autres mots et non pas nés directement ; mais souvent, même sans réunir des mots, on crée des mots nouveaux, telle cette expression bien connue *senius* (1) *dieserlus*, ou *di genitales* et *bacarum ubertate incurvescere* (2).

155 « Le dernier groupe, le troisième (3), celui des métaphores, a un domaine très vaste. Il a dû sa naissance à la nécessité, sous la contrainte du besoin et de la pauvreté, puis l'agrément et le plaisir l'étendit. De même que les vêtements, imaginés pour préserver du froid, en vinrent peu à peu, dans la suite, à donner au corps plus d'élégance aussi et de noblesse, ainsi la métaphore, créée par besoin, fut répandue parce qu'elle plaisait. Car « la vigne pousse des pierres précieuses (4), les ombrages luxuriants, les riantes moissons », autant d'expressions (5) employées même par des paysans. L'expression propre a peine à bien exprimer la chose ; au contraire l'expression métaphorique éclaire ce que nous voulons faire comprendre et cela grâce à la comparaison avec l'objet, exprimée au moyen d'un mot qui n'est pas le mot propre. **156** Donc ces métaphores sont des espèces d'emprunts, grâce auxquels nous prenons ailleurs ce qui nous manque. Il en est d'autres un peu plus hardies, qui ne sont pas une preuve d'indigence, mais ajoutent un certain éclat au discours. Ai-je besoin, moi, de vous indiquer, à vous, la manière de les trouver ou leurs divers genres ?

(1) On ne trouve pas trace ailleurs de ce mot, sauf peut-être dans un vers de l'*Eunuque* de Térence.

(2) Fragment de vers emprunté sans doute aux *Euménides* d'Ennius. On trouve le passage complet dans les *Tusculanes* 1, 69.

(3) Cicéron y insiste, parce que l'emploi de la métaphore est bien plus étendu que celui des deux autres procédés.

(4) Ce sont les bourgeons qui sont comparés à des pierres précieuses. Dans l'*Orator* § 81, Cicéron cite encore cet exemple de métaphores employées dans le langage courant.

(5) On sait que la dernière figure au vers 1 du Livre I des *Géorgiques*.

uidetis enim et « uersutiloquas » et « expectorat » ex coniunctione facta esse uerba, non nata ; sed saepe uel sine coniunctione uerba nouantur, ut ille « senius desertus », ut « di genitales », ut « bacarum ubertate incurueseere ».

155 Tertius ille modus transferendi uerbi late patet, quem necessitas genuit inopia coacta et angustiis, post autem delectatio iucunditasque celebrauit. Nam ut uestis frigoris depellendi causa reperta primo, post adhiberi coepta est ad ornatum etiam corporis et dignitatem, sic uerbi tralatio instituta est inopiae causa, frequentata delectationis. Nam « gemmare uitis, luxuriem esse in herbis, laetas segetes » etiam rustici dicunt. Quod enim declarari uix uerbo proprio potest, id tralato cum est dictum, illustrat id quod intellegi uolumus, eius rei, quam alieno uerbo posuimus, similitudo. 156 Ergo hae tralationes quasi mutuationes sunt, cum quod non habeas aliunde sumas ; illae paulo audaciores, quae non inopiam uindicant, sed orationi splendoris aliquid arcessunt, quarum ego quid uobis aut inueniendi rationem aut genera ponam ?

154 uersutiloquas malitias *habet* TVLL. *Orator* 164 || sed saepe A^2H : uel s. *VOP* || senius A^2H : sensus *VOP* || di A^2H : uidi *VOP* || ut bacarum ubertate incuruescere *habet* TVLL. *Tusc. D.* 1, 67 *et* NON. *p.* 122 *M* || bacarum *VOP* NON. : uac — A^2H.

155 late — tralata *habet* IVLIVS VICTOR *H* 431, 36 *sqq.* || uerbi late *VOP* : ueritate A^2H || coacta *VOP* : acta A^2H || angustiis $VOPH^2$: — tis A^2H || delectatio iucunditasque *VOP* VICT. : iuc. delectationeque A^2H || adhiberi A^2H VICT. : haberi *VOP* || frequentata *VOP* VICT. : — tia A^2H || luxuriem esse in herbis *codd.* : luxuriare messes VICT. || declarari A^2H : — re *VOP*.

156 hae *cet.* : haec A^2 || arcessunt *LVO* : accersunt *OP* arcesserunt A^2H.

XXXIX. **157** « Dans tous les cas la métaphore doit être employée pour donner plus d'éclat, comme dans tout le passage suivant (1) :

« La mer se hérisse ; les ténèbres redoublent ; la nuit, les nuées sont noires au point que tous se croient aveugles ; une flamme étincelle dans la nue ; le ciel tremble partout sous les coups du tonnerre ; des torrents de grêle et de pluie tombent soudain à flots précipités ; de tous les points de l'horizon tous les vents s'élancent impétueux, se déchaînent en tourbillons furieux ; une terrible agitation fait bouillonner la mer ».

« Presque tout, pour prendre plus d'éclat, est transporté, au moyen de comparaisons, du sens propre au figuré. **158** La métaphore exprime également (2) avec plus de relief toute l'idée, qu'il s'agisse d'un fait ou d'une intention. Ainsi pour peindre un homme qui dissimule à dessein, afin qu'on ne puisse comprendre sa conduite, un personnage emploie deux expressions (3) que la comparaison même transporte du sens propre au sens figuré : « puisqu'il s'enveloppe dans ses discours, s'y retranche avec soin dans la ruse ».

« Quelquefois aussi (4) c'est à la concision que permet d'atteindre la métaphore, comme dans l'expression bien connue : « Si le trait a fui de la main ». L'action de laisser échapper un trait par mégarde n'aurait pu être exprimée par les termes propres avec plus de concision que par une seule expression métaphorique la rendant sensible.

159 « Et, à ce propos, je me demande bien souvent avec étonnement pourquoi les termes métaphoriques et

(1) Passage de Pacuvius, que Cicéron cite en partie dans le *de Divinatione* I 24. Dans sa première édition des Fragments des tragiques latins, Ribbeck l'attribuait au *Doulorestes* de ce poète ; dans les éditions suivantes, il le range parmi les morceaux provenant d'une pièce qu'on ne peut déterminer.

(2) C'est le second cas où l'on peut employer avec profit une expression métaphorique.

(3) « S'enveloppe » et « se retranche ».

(4) Troisième cas où se recommande l'emploi de la métaphore à propos des métaphores employées pour abréger.

XXXIX. **157** [Similitudinis est ad verbum unum contracta breuitas, quod uerbum in alieno loco tamquam in suo positum, si agnoscitur, delectat ; si simile nihil habet, repudiatur]. Sed ea transferri oportet, quae aut clariorem faciunt rem, ut illa omnia :

Inhorrescit mare,
Tenebrae conduplicantur, noctisque et nimbum occaecat nigror,
Flamma inter nubes coruscat, caelum tonitru contremit,
Grando mixta imbri largifico subita praecipitans cadit,
Vndique omnes uenti erumpunt, saeui existunt turbines ;
Feruit aestu pelagus —

omnia fere, quo essent clariora, tralatis per similitudinem uerbis dicta sunt, **158** aut quo significetur magis res tota siue facti alicuius siue consili, ut ille, qui occultantem consulto, ne id quod ageretur intellegi posset, duobus tralatis uerbis similitudine ipsa indicat :

Quando quidem is *se* circumuestit dictis, saepit se dolo.

Non numquam etiam breuitas tralatione conficitur, ut illud « Si telum manu fugit ». Imprudentia teli missi breuius propriis uerbis exponi non potuit, quam est uno significata tralato.

157 Similitudinis — repudiatur *secl. Sorof* || agnoscitur A^2H : — cetur *VOP* || si simile *VOP* : simile A^2H || ea tamen *(sic)* transferri — rem *habet* IVLIVS VICT. 432, 1 *sq.* || inhorrescit — pelagus, *cf. Ribb. trag.*[3] *p.* 153 || inhorrescit mare *habet* IVLIVS VICT. *ibid.* || Tenebrae A^2H : et t. *VOP* || feruet aestu pelagus *habet* IVLIVS VICT. *ibid.* || feruit A^2H : feruet *VOP* VICT.

158 ille A^2H : illi *VOP* || Quandoquidem — dolo *cf. Ribb. trag*[3] PACVVII *inc.* XLV || quidem *cet.* : quid O^2 || is se *Pearce* : iste *codd.* || se dolo *Osann* : sedulo *codd.* || Non numquam — exponi *habet* IVLIVS VICTOR *H.* 432, 3 *sqq.* || ut illud si *codd.* : si VICT. : || si — fugit *cf. Topica* 64 || imprudentia *codd.* : i. enim VICT. || missi A^2H : emissi *VOP* VICT. || breuius propriis uerbis exponi *codd.* : p. u. exponi breuius VICT.

empruntés plaisent toujours plus que les termes propres et appartenant exclusivement à l'objet. XL. Car si, pour être désigné, il n'a pas de mot lui appartenant exclusivement, pas de dénomination propre, comme « pied » (1) dans un navire « obligation » (2), pour tout acte où paraît la balance (3), « divorce » (4) d'avec l'épouse, il faut bien, par nécessité, emprunter ailleurs ce qui nous manque, mais, lors même que la langue fournit une grande abondance de mots appartenant exclusivement à un objet, les expressions empruntées plaisent bien davantage, pourvu que leur emploi figuré soit fait avec goût. **160** En voici, je crois, les raisons. C'est, en quelque sorte, une preuve de force d'invention que de sauter par-dessus ce qui est à nos pieds et d'aller chercher bien loin ce qu'on veut retenir. Ou bien encore la pensée de l'auditeur est conduite vers un autre objet et cependant ne s'égare pas, ce qui est le plaisir le plus charmant. Ajoutez que, dans chaque mot, se trouve résumée toute l'idée et la comparaison qu'on en fait. Enfin les métaphores, celles au moins qui sont faites avec goût, s'adressent directement à nos sens, et particulièrement aux yeux, le plus pénétrant des sens. **161** « Le parfum » de l'urbanité, « la délicatesse » des manières, « le grondement » de la mer, « la douceur » du langage, sont des images empruntées aux autres sens ; mais celles qui s'adressent aux yeux sont bien plus pénétrantes, parce qu'elles rendent pour ainsi dire visible à l'esprit ce que nous ne pouvons distinguer et voir. Car, dans la nature, il n'y a

(1) L'écoute placée au bas de la voile et permettant de la carguer ou de la larguer.

(2) Se dit de toutes les opérations par lesquelles un homme est lié (*nexus*, de *nectere*), dette, contrat, etc.

(3) Le prêt primitif suppose l'emploi, en présence de témoins, de la balance (*libra*) pour peser l'argent prêté.

(4) Proprement ce mot désigne un faîte du haut duquel les eaux s'écoulent de côtés opposés.

159 Hoc in genere persaepe mihi admirandum uidetur quid sit, quod omnes tralatis et alienis magis delectentur uerbis quam propriis et suis. XL Nam si res suum nomen et uocabulum proprium non habet, ut « pes » in naui, ut « nexum » quod per libram agitur, ut in uxore « diuortium », necessitas cogit quod non habeas aliunde sumere ; sed in suorum uerborum maxima copia tamen homines aliena multo magis, si sunt ratione tralata, delectant. **160** Id accidere credo uel quod ingeni specimen est quiddam transilire ante pedes positum et alia longe repetita sumere ; uel quod is qui audit alio ducitur cogitatione neque tamen aberrat, quae maxima est delectatio ; uel quod in singulis uerbis res ac totum simile conficitur ; uel quod omnis tralatio, quae quidem sumpta ratione est, ad sensus ipsos admouetur, maxime oculorum, qui est sensus acerrimus. **161** Nam et « odor » urbanitatis et « mollitudo » humanitatis et « murmur » maris et « dulcitudo » orationis sunt ducta a ceteris sensibus ; illa uero oculorum multo acriora, quae paene ponunt in conspectu animi quae cernere et uidere non possumus. Nihil est enim in rerum natura, cuius nos non in aliis rebus possimus

159 Hoc in A^2H : atque hoc in *VOP* ‖ delectentur A^2H : — tantur *VOP* ‖ quam propriis *om.* *H* ‖ uocabulum proprium A^2H : p. u. *VOP* ‖ pes *VO* : spes *cet.* ‖ in naui *cet.* : ignaui *P* ‖ copia tamen A^2 : t. c. *H* t. inopia *VOP*.

160 quiddam A^2H : quoddam *VOP* ‖ positum et *H* : positae A^2 posita et *VOP* ‖ quod in A^2H : quod *VOP* ‖ conficitur *L* : c. maxime A^2H c. maximeque ad *VOP*.

161 orationis *VOP* : rat — A^2H ‖ paene ponunt A^2H : possunt paene *VOP* ‖ cuius *VOP* : atque huius A^2H ‖ possimus VOP^2 : possumus A^2HP^1.

pas d'objet dont l'appellation et le nom ne puissent être transportés à un autre. En effet, tout objet où l'on peut prendre un terme de comparaison (et c'est le cas de tous), fournit en même temps un mot qui, résumant la comparaison et pris métaphoriquement, jette de l'éclat sur le style.

162 « En cette matière, il faut tout d'abord éviter l'inexactitude de la comparaison, comme dans « le cintre immense du ciel ». Ennius a beau avoir mis à la scène (1), selon l'expression courante (2), le mot sphère ; la comparaison avec un cintre ne saurait s'appliquer à la sphère. (3) « Vis, Ulysse, tandis que tu le peux encore. Que pour la dernière fois ton œil ravisse la lumière rayonnante ! » Le poète n'a pas dit « prenne, cherche à atteindre » (ces mots impliqueraient quelque délai, quelque espoir de vivre plus longtemps) (4) ; il a dit « ravisse », ce qui s'accorde avec l'expression qui précède : « tandis que tu le peux encore ».

XLI. **163** « Second défaut à éviter : la comparaison ne doit pas être cherchée trop loin. Plus volontiers que « syrte » (5) d'un patrimoine, je dirais « écueil », plutôt que « Charybde » d'une fortune, « gouffre ». En effet les yeux de l'intelligence se portent plus facilement vers les objets que nous avons vus, que vers ceux dont nous avons entendu parler. Puis, comme le principal mérite des

(1) C'est-à-dire employé couramment.

(2) Les mots latins *ut dicitur* ou *ut dicunt* indiquent qu'il s'agit d'une expression passée en proverbe.

(3) Le vers se trouve complet dans les *Académiques* II 28, 87. Ribbeck le classe dans les pièces dont on ne peut préciser l'auteur ni le titre. D'autres croient ce passage emprunté à l'*Ajax* d'Ennius.

(4) Les mots « tandis que tu le peux encore » semblent indiquer qu'Ulysse n'a plus longtemps à vivre.

(5) Cicéron repousse « syrte », non parce que « syrte » ne correspond pas exactement à « écueil », mais parce que, n'ayant pas vu de syrtes, nous ne nous représentons pas exactement ce que c'est.

uti uocabulo et nomine. Vnde enim simile duci potest — potest autem ex omnibus —, indidem uerbum unum, quod similitudinem continet, tralatum lumen adferet orationi.

162 Quo in genere primum est fugienda dissimilitudo : « Caeli ingentes fornices ». Quamuis sphaeram in scaenam, ut dicitur, attulerit Ennius, tamen in sphaera fornicis similitudo inesse non potest.

> Viue, Vlixes, dum licet ;
> Oculis postremum lumen radiatum rape.

Non dixit « pete », non « cape » — haberet enim moram sperantis diutius esse uicturum —, sed « rape ». Est hoc uerbum ad id aptatum, quod ante dixerat, « dum licet ». XLI. **163** Deinde uidendum est ne longe simile sit ductum. « Syrtim » patrimonii scopulum libentius dixerim, « Charybdim » bonorum uoraginem potius. Facilius enim ad ea, quae uisa, quam ad illa, quae audita sunt, mentis oculi feruntur. Et quoniam haec uel summa laus est in uerbis transferendis, ut sensum feriat id quod tralatum sit, fugienda est omnis turpitudo earum rerum, ad quas eorum animos qui audient trahet simili-

161 Vnde *vulg.* : undem A^2H eundem *VOP* || duci potest *VOP* : duci A^2H || indidem *cet.* : unde mihi idem P^1 in idem P^2 inde idem *O* || adferet *H* : adferre *cet. codd.*

162 Viue — rape, *cf. Ribb. trag.*³ *inc. inc.* XXIV || uiue — licet *habet* TVLLIVS, *Acad.* II 28, 87 || rape *om.* A^2H || pete non cape *vulg.* : pete sed cape A^2H cape non pete *VOP* || uicturum *om.* A^2H || est hoc uerbum *Friedrich* : hoc u. est *VOP* hoc *Ribb.* u. A^2H || aptatum A^2H : adeptum *VOP.*

163 mentis *VOP* : eis A^2H || feruntur *VOP* : ferentur A^2H || et quoniam — proprium (164) *cf.* IVLIVS VICT. *H.* 432, 5 *sqq.* || in uerbis transferendis A^2H : uerbi transferendi *VOP* uerbi translati VICT. || fugienda est *VOP* VICT.: fugienda A^2H || audi ent A^2 : audiunt *cet.* VICT. || trahet A^2H VICT. : trahit *VOP.*

métaphores est peut-être que l'objet d'où est tirée la métaphore touche les sens, il faut éviter tout objet bas, vers lequel la comparaison porterait l'esprit de nos auditeurs. **164** Je ne veux pas qu'on dise que la république a été « châtrée » par la mort de Scipion l'Africain (1) ; je ne veux pas qu'on dise de Glaucia (2) qu'il était « l'excrément » du Sénat ; pour exacte que soit la comparaison, dans les deux cas le terme de comparaison évoque une idée basse. Je ne veux pas que celui-ci soit plus relevé que l'idée ne le demande : « la tempête de la débauche », ou qu'il le soit moins : « la débauche (3) de la tempête ». Je ne veux pas que le terme figuré soit moins compréhensif que ne l'aurait été l'autre, le terme propre et s'appliquant exclusivement à l'objet : « Qu'y a-t-il donc, dis-nous ? Pourquoi faire signe de ne pas nous approcher ? » Il eût mieux valu employer : « défendre, empêcher, interdire », puisque l'interlocuteur venait de dire : « Partez tout de suite d'où vous êtes, que mon contact ou mon ombre ne nuise pas aux gens vertueux ».

165 « Craignez-vous que la métaphore ne paraisse un peu forcée, on peut souvent l'atténuer en la faisant précéder d'un mot. Par exemple, si l'on avait dit autrefois que la mort de Caton (4) laissait le Sénat « orphelin », la métaphore aurait été un peu forcée ; au contraire, « pour ainsi dire orphelin » la rendrait un peu moins dure. Il faut en effet que la métaphore soit discrète ; elle doit sembler avoir été amenée en cette place qui ne lui appartient pas et non y avoir fait irruption, être venue non par force, mais sur demande.

(1) Scipion Émilien, le second Africain.

(2) Démagogue, l'un des principaux compagnons de ce Saturninus, que Marius combattit et fit tuer.

(3) Le mot latin qui correspond à « débauche » est un terme de la langue familière.

(4) Caton le Censeur, naturellement, dont l'autorité était grande au Sénat.

tudo. **164** Nolo dici morte Africani « castratam » esse rem publicam ; nolo « stercus curiae » dici Glauciam ; quamuis sit simile, tamen est in utroque deformis cogitatio similitudinis. Nolo esse aut maius, quam res postulet : « tempestas comisationis » ; aut minus : « comisatio tempestatis ». Nolo esse uerbum angustius id, quod tralatum sit, quam fuisset illud proprium ac suum :

Quidnam est, obsecro ? Quid te adirier abnutas ?

melius esset « uetas, prohibes, absterres », quoniam ille dixerat

ilico istic,
Ne contagio mea bonis umbraue obsit...

165 Atque etiam, si uereare ne paulo durior tralatio esse uideatur, mollienda est praeposito saepe uerbo ; ut si olim M. Catone mortuo « pupillum » senatum quis relictum diceret, paulo durius ; sin « ut ita dicam pupillum », aliquanto mitius. Et enim uerecunda esse debet tralatio, ut deducta esse in alienum locum, non inrupisse, atque ut precario, non ui uenisse uideatur.

166 Modus autem nullus est florentior in singulis

164 dici morte A^2H : m. d. *VOP* || castratam *et* stercus curiae *habet* QVINT. 8, 6, 15 || quam res A^2HL : quam *VOP* || quam fuisset *om.* A^2H || illud *VOP* : illum A^2H || ac *VOP* : ad A^2H || quidnam — abnutas *cf. Ribb. trag.*[3]. ENNII *Thyestes* VIII || Quid *VOP* : quod LA^2H || adirier *Vahlen* : adiri *VOP* abiri A^2H || esset uetas *VOP* : esset ****** ueas A^2 esse tu eas *H* || ilico — obsit *habet* TVLLIVS *Tusc.* 3, 12, 26, *cf. Ribb. trag.*[3] ENNII *Thyestes* VIII || contagio mea *cet.* : contagione a *O* contagione *L*.

165 si uereare — inrupisse *cf.* IVLIVS VICTOR *H.* 432, 12 *sqq.* || praeposito *vulg.* : prop — *VOP* praepositio A^2H || Catone *cet.* : —ni *LVOP* || esse debet A^2H : d. e. *VOP* || inrupisse A^2H VICT. : irruisse *VOP*.

166 *Cf.* IVLIVS VICT. *H* 432, 15 *sqq.*

166 « D'ailleurs, lorsqu'il s'agit des mots considérés seuls, il n'y a pas de procédé plus brillant et qui donne plus d'éclat au style. Il en est bien un autre (1), qui découle de celui-ci, mais il ne porte pas sur un seul mot employé métaphoriquement ; il se trouve dans un groupe de mots formant un tout, qui semblent dire une chose et en font comprendre une autre. Exemple : « Et je ne souffrirai pas que la flotte des Grecs, comme autrefois, heurte un écueil » (2). Ou encore (3): « Erreur, erreur ; tes transports, ta confiance exagérée en toi-même seront retenus par les rênes vigoureuses des lois, qui te feront sentir le joug du commandement ». **167** On prend un terme de comparaison, et, comme je l'ai dit (4), on applique à un autre objet une série de mots qui conviennent au premier. XLII. C'est là un grand ornement du style ; mais il y faut éviter l'obscurité ; car c'est généralement ce genre de figures qui produit ce qu'on appelle les énigmes (5).

« Même la transposition et changement de sens portant sur un mot (6), n'implique pas ce que j'appellerai un travail de modification (7) :

Africa terribili tremit horrida terra tumultu,

(1) L'allégorie.

(2) Ribbeck place ce passage parmi les fragments tragiques dont il se déclare incapable de déterminer l'auteur ni la pièce. D'autres le rattachent au *Chrysés* de Pacuvius.

(3) La source de ces vers est absolument inconnue. En comparant un texte grec, Ribbeck pense qu'ils pourraient être tirés de la *Clytemnestre* d'Accius ; mais c'est une simple conjecture.

(4) § 156.

(5) « Une métaphore trop prolongée touche en effet à l'énigme, et la plupart des obscurités affectées qu'on a tant reprochées aux Précieuses ne sont guère que des métaphores continuées outre mesure. » (Pichon).

(6) La métonymie.

(7) Les exemples suivants, empruntés à Ennius, font bien comprendre la pensée de Cicéron.

uerbis n*eque* qui plus luminis adferat orationi. Nam illud, quod ex hoc genere profluit, non est in uno uerbo tralato, sed ex pluribus continuatis conectitur, ut aliud dicatur, aliud intellegendum sit :

Neque me patiar
Iterum ad unum scopulum ut olim classem Achiuom offendere.

Atque illud :

Erras, erras ; nam exsultantem te et praefidentem tibi
Repriment ualidae legum habenae atque imperi insistent iugo.

167 Sumpta re simili uerba illius rei propria deinceps in rem aliam, ut dixi, transferuntur. XLII. Est hoc magnum ornamentum orationis, in quo obscuritas fugienda est ; et enim hoc fere genere fiunt ea, quae dicuntur aenigmata. [non est autem in uerbo modus hic, sed in oratione, id est in continuatione uerborum].

Ne illa quidem traductio atque immutatio in uerbo quandam fabricationem habet [sed in oratione] :

Africa terribili tremit horrida terra tumultu ;

166 neque qui *Luchs* : nec qui *VOP* que qui A^2 *in marg. et H* quam quae A^2 || adferat *cet.* : — rant A^2 || tralato *VOP* : — tio A^2H || ut *VOP* : aut A^2H || neque me — offendere *cf. Ribb. trag.*[3] *inc. inc.* LXXIV || patiar A^2HP^2 VICT. : patior *VOP* || iterum *om.* A^2H || ut olim *VOP* : et telum A^2H iterum VICT. || classem *codd.* : crasse VICT. || Erras — iugo *Ribbeck trag.*[3] *inc. inc.* LXVII || erras *semel* A^2H || legum habenae *om. VOP* || praefidentem *LV* : praes — *OP* praesidente A^2H || repriment *cet.* : — munt *O* || imperi insistent iugo *habet* VICT.

167 Cf. IVLIVS VICT. *H* 432, 20 *sqq.* || simili A^2 : simili in *VOP* simplici *H* || illius AO^2H : eius *VOP* || transferuntur *VOP* : ref — A^2H || hoc fere A^2H : ex hoc fere VICT. ex hoc *VOP* || Non est — uerborum *secl.* || sed in oratione *secl. Schuetz* || Africa — tumultu *habet* TVLLIVS *Orator* 97 *et Fam.* 9, 7, 2 ; *cf. Vahlen* p. 46 || terribili *cet.* : — lis A^2H || terra *om. V.*

une création (1) de mot, comme dans *mare saxifragis undis*, ou un emploi métaphorique, comme : « la mer s'adoucit ». Pour relever le style, on met un mot propre à la place d'un autre mot propre : « Cesse, Rome (2), ⟨ de craindre ⟩ tes ennemis » et : « Témoins ces Vastes Plaines ». Comme ornement du style, ce genre de figure fait beaucoup d'effet et l'on doit l'employer souvent. Dans ce groupe entrent les exemples suivants : « Le Mars (3) de la guerre est le même pour tous », « Cérès » pour « les moissons », « Liber (4) » pour « le vin », « Neptune » pour « la mer », « la curie » pour « le sénat » « le Champ-de-Mars » pour « les comices », « la toge » pour « la paix », « les armes défensives » et « les armes offensives » pour « la guerre ». **168** De même on emploie les noms de vertus et de vices pour désigner une personne chez qui on les trouve : « La maison que le luxe a envahie » « où la cupidité a pénétré » ou bien : « la bonne foi a triomphé, la justice l'a emporté ».

« Vous voyez bien tous les aspects de cette figure, qui, en détournant un mot de son sens (2), et en se servant d'un autre mot (3), exprime la même idée d'une façon plus brillante. Très voisines sont des figures moins brillantes, mais qu'il ne faut pas ignorer ; nous voulons faire entendre le tout en énonçant la partie (quand nous disons, par exemple, « les murs » ou « les toits » pour désigner l'édifice entier), ou la partie en énonçant le tout, (quand, pour un seul escadron, nous disons « la « cavalerie romaine »), ou le pluriel en employant le singulier. « Mais le Romain, même après le succès, est indécis au fond de son cœur », ou le pluriel en employant le

(1) Le mot créé est *saxifragis*.

(2) *Africa* pour *Afri* ou *Roma* pour *Romani*. *Campi magni* est employé au lieu de nom propre.

(3) Pour « la chance ».

(4) Dieu italique correspondant, comme on sait, à Bacchus.

[pro « Afris » est sumpta « Africa »] neque factum est uerbum, ut « mare saxifragis undis », neque tralatum, ut « mollitur mare », sed ornandi causa proprium proprio commutatum.

Desine, Roma, tuos hostis...
Testes sunt Campi magni...

Grauis est modus in ornatu orationis et saepe sumendus ; ex quo genere haec sunt « Martem belli esse communem », « Cererem » pro frugibus, « Liberum » appellare pro uino, « Neptunum » pro mari, « curiam » pro senatu, « campum » pro comitiis, « togam » pro pace, « arma » ac « tela » pro bello ; **168** quo item in genere et uirtutes et uitia pro ipsis, in quibus illa sunt, appellantur : « Luxuries quam in domum inrupit » et « Quo auaritia penetrauit », aut « Fides ualuit, Iustitia confecit ».

Videtis profecto genus hoc totum, cum inflexo immutatoque uerbo res eadem enuntiatur ornatius ; quo*i* sunt finituma illa minus ornata, sed tamen non ignoranda, cum intellegi uolumus aliquid aut ex parte totum, ut pro aedificiis cum « parietes » aut « tecta » dicimus ; aut ex toto partem, ut cum unam turmam « equitatum populi Romani » dicimus ; aut ex uno plures :

167 pro — Africa *secl. Bake* || est uerbum A^2H *:* u. est *VOP* || causa proprium A^2H *:* p. c. *VOP* || Desine — hostis *habet* TVLLIVS *de Fin.* II 106 || Testes-magni *cf.* ENNIVS, *Vahlen*, p. 157 || testes *om.* A^2H.

168 uirtutes et uitia *VOP :* uirtus et uita A^2H || uerbo *om.* A^2H || quoi *Friedrich :* quo A^2H cum *VOP* || cum intellegi — paruo ducimus (§ 169), *cf.* IVLIVS VICT. *H* 432, 25 *sqq.* || aut tecta *cel. :* ac t. A^2 || equitatum A^2H *:* equitum *VOP*.

pluriel : « Nous (1) sommes maintenant citoyen de Rome, après avoir été autrefois habitants de Rudies (2) » ; ou, dans ce genre, un tour quelconque, tel qu'il faille comprendre non ce qui est dit, mais ce qui a été pensé.

XLIII. **169** « Il arrive souvent aussi que nous étendions le sens d'un mot (3) ; cette figure est moins élégante que la métaphore ; si elle est plus hardie, cela ne va pas forcément toujours jusqu'à l'effronterie ; ainsi nous disons « un discours imposant » pour « un long discours » et « un esprit mince » pour « un petit esprit ».

« Mais ne voyez vous pas que les figures dont j'ai parlé tout à l'heure (4) portent non sur un mot, mais sur une phrase, puisque, comme je l'ai indiqué, elles sont formées d'une suite de métaphores ? Par suite, les dernières, dont j'ai montré qu'elles résultent d'un changement (5) ou qu'elles font entendre un autre sens que celui qu'elles semblent exprimer, sont en quelque mesure des métaphores.

170 « Donc, pour les mots pris isolément, toute leur force et leur beauté résulte d'un des trois procédés que voici (6) : terme vieilli, mais que l'usage peut admettre ; terme créé, qu'il s'agisse d'un composé ou d'un mot entièrement nouveau, et ici encore, il faut ménager les oreilles et l'usage ; terme pris métaphoriquement, procédé qui, plus que tous les autres, tranche sur le style et l'éclaire comme par autant d'étoiles.

(1) Ennius parle de lui seul.

(2) Rudies est une toute petite ville de Calabre, à l'intérieur des terres.

(3) La catachrèse.

(4) § 166.

(5) Cf. notes sur les §§ 160 et 161.

(6) Cette conclusion rejoint le début du développement (§ 152). Mais, cette fois, Crassus insiste sur la discrétion qu'il faut montrer dans l'emploi de ces trois procédés.

At Romanus homo, tamenetsi res bene gesta est
Corde suo trepidat ;

aut cum ex pluribus intellegitur unum :

Nos sumus Romani, qui fu*u*imus ante Rudini ;

aut quocumque modo, non ut dictum est, in eo genere intellegitur, sed ut sensum est.

XLIII .**169** Abutimur etiam saepe uerbo non tam eleganter quam in transferendo, sed etiam si licentius, tamen interdum non impudenter ; ut cum « grandem » orationem pro longa, « minutum » animum pro paruo dicimus.

Verum illa uidetisne esse non uerbi sed orationis, quae ex pluribus, ut exposui, tralationibus conexa sunt, haec autem, quae aut immutata esse dixi aut aliter ea intellegenda ac dicerentur, sunt tralata quodam modo.

170 Ita fit ut omnis singulorum uerborum uirtus atque laus tribus existat ex rebus, si aut uetustum uerbum sit, quod tamen consuetudo ferre possit ; aut factum uel coniunctione uel nouitate, in quo item est auribus consuetudinique parcendum ; aut tralatum, quod maxime tamquam stellis quibusdam notat et illuminat orationem.

168 at Romanus — trepidat ENNIVS, *Vahlen, p.* 75 ‖ at A^2H : ut *VOP* ‖ nos — Rudini ENNIVS, *Vahlen,* p. 66 ‖ fuuimus *Lambin :* fuimus *codd.*

169 etiam saepe A^2H : s. e. *VOP* ‖ impudenter A^2H : pud. *VOP* ‖ longa A^2H : magna *VOP* ‖ Verum A^2H : uera *VOP* ‖ quae ex *cet.* : cum A^2 ‖ exposui *cet.* : posui *H* ‖ ea *om. VOP.*

170 si aut — possit *habet* NON. *p.* 303 *M* ‖ coniunctione *L et cet.* : continuatione *O.*

Les mots dans la phrase (171-212)

171 « Nous arrivons maintenant à l'art de grouper les mots ; il comprend avant tout deux éléments : l'arrangement, puis en quelque sorte le rythme et le tour harmonieux de la phrase.

a) Leur arrangement (171-172)

« L'arrangement consiste à disposer et à construire les mots, de telle façon qu'ils se joignent sans heurt ni solution de continuité, et même, si j'ose dire, en un assemblage étroit et bien poli. A ce sujet, Lucilius, qui savait si finement manier la plaisanterie, en a mis une dans la bouche de mon beau-père (1) ; « O les phonèmes (2) bien rangés, comme les pièces placées avec art dans une mosaïque et dans une marqueterie (3) ». Après avoir ainsi raillé Albucius, il ne m'épargna pas davantage : « J'ai pour gendre Crassus ; ne sois donc pas trop fier de la rhétorique ». Eh bien, ce Crassus, puisque tu (4) le désignes par son nom, que fait-il donc ? Ce que l'on a dit plus haut, à savoir ce que Scévola voulait qu'on fît et ce que j'aurais voulu faire, un peu mieux qu'Albucius. Mais Lucilius a voulu lancer une plaisanterie contre moi selon son habitude ; 172 n'empêche qu'il faut veiller à cet arrangement des mots : il donne à la phrase une étroite unité, de la cohésion, du poli, un cours

(1) Scévola, l'Augure, consul en 117, un des interlocuteurs du premier de ces dialogues.

(2) Mot transcrit du grec, pour railler la manie d'Albucius, qui préférait la langue grecque à la latine. De même, plus bas, *rhetoricoterus*. Après sa préture en Sardaigne, il avait été accusé de concussion par les habitants de la Sardaigne et C. Julius Caesar Strabon, un des interlocuteurs de ce dialogue, avait soutenu l'accusation.

(3) Sur un fond de stuc frais, on incrustait (grec *emballein*, d'où le latin *emblema*), de petits cubes colorés, chacun d'eux faisant un trou dans le stuc, à la façon d'un vers (*uermi*, d'où *uermiculatus*) qui pique un morceau de bois (Emile Thomas).

(4) Lucilius.

171 Sequitur continuatio uerborum, quae duas res maxime, conlocationem primum, deinde modum quendam formamque desiderat.

Conlocationis est componere et struere uerba sic ut neue asper eorum concursus neue hiulcus sit sed quodam modo coagmentatus et leuis. In quo lepide *in* soceri mei persona lusit is, qui elegantissime id facere potuit, Lucilius :

Quam lepide lex*i*s compos*t*ae, ut tesserulae omnes
Arte pauimento atque emblemate uermiculato.

Quae cum dixisset in Albucium inludens, ne a me quidem abstinuit :

Crassum habeo generum, ne rhetoricoterus tu sis.

Quid ergo ? iste Crassus, quoniam eius abuteris nomine, quid efficit? Illud quidem, scilicet, ut ille uult et ego uellem, melius aliquanto quam Albucius. Verum in me quidem lusit ille, ut solet. **172** Sed est tamen haec conlocatio conseruanda uerborum, [de qua loquor] ; quae *ui*nctam orationem efficit, quae cohaerentem, quae

171 Sequitur — desiderat *habet* IVLIVS VICT. *H* 423, 32-33 || maxime conlocationem *VOP* VICT. *:* c. m. A^2H || asper *cet. :* asperiorum A^2 || leuis *cet. :* lenis OP^2 || In quo A^2H*:* in quod *VOP* quod *L* || lepide in *Ernesti :* lepidi A^2 lepidis *H* lepide *VOP* || Lucilius A^2H *:* L. *VOP* || Quam lepide — uermiculato LVCILIVS *Marx* 84-85 || *habet* TVLLII *Orator* 149 *et* PLIN. *N.H.* 36, 185 et NON. *p.* 188 M. || lexis *Orat.* NON. *:* ex iis *H* exis A^2 sinthesis *VOP* || compostae *vulg. :* compositae *codd.* composui et NON. || ut tesserulae *om.* V^2O^2 || emblemate uermiculato *codd. :* u. e. *Brutus* 274 || inludens A^2HOP^2 *:* impudens *cet.* || Crassum — sis LVCILIVS *Marx* 86 || sis A^2HP^2 *:* ses *cet.* || *Post* sis *desinit* A^2, *redeunt* A^1E || illud quidem scilicet *AEH :* idem illud s. *VOP* || uult *AEH :* uoluit *VOP* uouit *L*.

172 haec *om. VOP* || de qua loquor *secl. ut glossema* || uinctam *Ernesti :* iunctam *codd.*

toujours égal. Ce résultat, vous l'atteindrez, si vous unissez les mots aux suivants sans qu'il y ait entre eux de heurts désagréables ou d'hiatus trop profonds.

b) **Le rythme (173-198)**

XLIV. **173** « Après ce travail minutieux (1), vient encore le rythme et le tour harmonieux de la phrase, dont je crains bien, Catulus, qu'ils ne te semblent puérils (2). Quelque chose d'analogue aux vers, c'est-à-dire une sorte de nombre, devait en effet, selon les anciens maîtres (3), se rencontrer dans ce genre de prose dont nous nous occupons. Des points d'arrêt déterminés non par la respiration (4), par l'essoufflement ou par les signes de ponctuation, mais par le nombre à observer dans les mots et les idées étaient, à leur sens, indispensables dans nos discours. Isocrate, dit-on, fut le premier qui, pour flatter l'oreille, selon l'expression de Naucrate (5), son disciple, établit la règle d'assujettir à un rythme la prose, jusque-là sans règles (6). **174** En effet, les musiciens qui, autrefois, étaient en même temps poètes, inventèrent, pour plaire, ces deux procédés, le vers et le chant, afin que le rythme des mots et l'harmonie des sons prévinssent toute satiété de l'oreille. Ces deux nouveautés, je veux dire l'art de régler la voix et celui de ramasser les mots en une étendue déterminée (7) ils pensèrent devoir les faire passer de la poésie à l'élo-

(1) Le soin qui regarde l'arrangement des mots.

(2) Parce qu'il est poète lui-même, et, par suite, connaît toutes ces règles et d'autres plus compliquées.

(3) Les grecs, surtout Aristote.

(4) Le repos volontaire, opposé à l'essoufflement.

(5) Naucrate d'Erytrie, dont Cicéron parle ailleurs encore et qui avait écrit sur le rythme.

(6) D'après certains textes, ce mérite semble revenir à Gorgias, antérieur d'un demi-siècle à Isocrate.

(7) C. à d. le vers. Cicéron emploie cette expression à dessein, parce que, appliquée à la prose, elle désigne la période.

leuem, quae aequabiliter fluentem; id adsequemini, si uerba extrema cum consequentibus primis ita iungentur, ut neue aspere concurrant neue uastius diducantur.

XLIV. **173** Hanc diligentiam subsequitur modus etiam et forma uerborum, quod iam uereor ne huic Catulo uideatur esse puerile. Vorsus enim ueteres illi in hac soluta oratione propemodum, hoc est numeros quosdam nobis esse adhibendos putauerunt; interspirationis [enim], non defetigationis nostrae neque librariorum notis sed uerborum et sententiarum modo interpunctas clausulas in orationibus esse uoluerunt; idque princeps Isocrates instituisse fertur, ut inconditam antiquorum dicendi consuetudinem delectationis atque aurium causa, quem ad modum scribit discipulus eius Naucrates, numeris adstringeret. **174** Namque haec duo musici, qui erant quondam idem poetae, machinati ad uoluptatem sunt, uersum atque cantum, ut et uerborum numero et uocum modo [delectatione] uincerent aurium satietatem. Haec igitur duo, uocis dico moderationem et uerborum conclusionem, quoad orationis

172 leuem *cet.* : lenem *OP*[2] ‖ id *om.* *AEHP*[1] ‖ uerba *om*[•] *AEH* ‖ iungentur *AEH* : iungetis *VOP* ‖ neue uastius *AEH* : ne u. *VOP* ‖ diducantur *Manuce* : ded — *codd.*

173 Versus enim — putauerunt *habet* RVFIN. *H* 580, 27 *sqq.* ‖ hoc *cet.* RVFIN. : hos *E* ‖ est *om.* *AEH* ‖ enim *om.* *AEH* ‖ librariorum *VOP* : liberiorum *AEH* ‖ idque princeps — distinguat (§175) *habet* RVFIN. *H* 572, 26 *sqq.* *et* 580, 29 *sqq.* ‖ princeps *cet.* RVFIN. : primus *H* ‖ quem ad *VOP* : quae ad *AEH* ‖ discipulus *VOP*[1] RVFIN. : — lum *AEH* ‖ Naucrates *VOP* RVFIN. : — tem *AEH* ‖ adstringeret *codd.* : —retur RVFIN.

174 idem *VOP* : item RVFIN. eidem *AEH* ‖ sunt *VOP* : sum *AEH* ‖ uersum atque cantum *AEH* RVFIN. : uersuum atque cantuum *VOP* ‖ ut et *VOP* : ut et ex RVFIN. ut *AEH* ‖ et uerborum *VOP* : uerborum *AEH* ‖ delectatione *codd.* : et d. RVFIN. *secl. ut glossema.*

quence, dans toute la mesure où le discours, œuvre sérieuse, pouvait (1) le permettre.

175 « A ce propos (2), la plus grande difficulté est peut-être la suivante : si, en prose, les mots sont groupés de manière à former un vers, c'est un défaut (3), et néanmoins nous voulons qu'ils soient groupés de manière à rappeler le vers par leur cadence rythmée, leur forme symétrique et pleine. Aussi bien, entre beaucoup de traits, celui qui distingue essentiellement le véritable orateur de l'homme qui n'a pas la pratique de la parole et n'en connaît pas les règles, c'est que l'ignorant débite sans art le plus de paroles qu'il peut et mesure les phrases sur sa respiration, non sur les principes ; au contraire le véritable orateur enferme la pensée dans une armature de mots qui l'embrassent en un circuit d'un rythme à la fois fixe (4) et libre. 176 En effet, après lui avoir imposé le lien du rythme et de l'harmonie, il relâche celui-ci et en débarrasse la phrase par des modifications dans l'ordre des mots, qui ne seront ni enfermés dans une armature analogue aux règles étroites de la versification, ni assez libres pour errer à leur fantaisie (5).

XLV. « Mais par quel moyen suffire à cette tâche si importante (6) et penser acquérir cette qualité, le nombre du style ? Y réussir est moins difficile que nécessaire. Il n'est rien, en effet, de plus souple que le langage, rien de plus flexible et qui prenne mieux toutes les formes qu'on veut lui donner. 177 Il fournit les vers, il fournit aussi des rythmes moins réguliers ; il fournit encore ce langage sans rythme dont nous nous servons en ce

(2) C. à d. dans l'emploi du nombre.

(3) C'est l'opinion d'Aristote, *Rhet.* 3, 8, 3. Elle est souvent reprise par les grammairiens et les rhéteurs.

(4) Le rythme de la poésie, lui, est essentiellement fixe.

(5) Crassus, de cette façon, distingue la prose oratoire à la fois du vers et de la prose familière.

(6) Se préoccuper de l'arrangement des mots.

seueritas pati posset, a poetica ad eloquentiam traducenda duxerunt.

175 In quo illud est uel maximum quod, uersus in oratione si efficitur coniunctione uerborum, uitium est, et tamen eam coniunctionem sicuti uersum numerose cadere et quadrare et perfici uolumus. Neque est ex multis res una, quae magis oratorem ab imperito dicendi ignaroque distinguat, quam quod ille rudis incondite fundit quantum potest et id quod dicit spiritu, non arte determinat, orator autem sic illigat sententiam uerbis, ut eam numero quodam conplectatur et astricto et soluto. **176** Nam cum uinxit forma et modis, relaxat et liberat immutatione ordinis, ut uerba neque alligata sint quasi certa aliqua lege uersus neque ita soluta ut uagentur.

XLV. Quonam igitur modo tantum munus insistemus, ut arbitremur nos hanc uim numerose dicendi consequi posse? Non est res tam difficilis quam necessaria. Nihil est enim tam tenerum neque tam flexibile neque quod tam facile sequatur quocumque ducas quam oratio. **177** Ex hac uersus, ex hac eadem dispares numeri conficiuntur ; ex hac haec etiam soluta uariis modis

174 posset *AEH* RVFIN. *:* possit *VOP* || a poetica *codd. :* et a p. *omnes* RVFINI *codd. Aldino excepto.*

175 uel *om. AEH* || si — coniunctionem *om.* V^1P^1O || eam *VOP* RVFIN *:* etiam $AEHO^2$ || cadere *VOP* RVFIN. *:* sedere *AEH* || Neque est *VOP :* neque *AEH* || res una *cet :* res ulla O^2 rebus RVFIN. || ignaroque *AEH* RVFIN. *:* ab i. *VOP* || quantum potest *om. AEH.*

176 forma et modis *cet. :* m. et f. et *O* m. f. et *P* || soluta *cet. :* soult *A* soluat *E* || tantum *om. AEH* || quam necessaria *VOP :* tam n. *AEH* || sequatur *cet. :* cons — *H.*

177 ex hac eadem *E :* ex eadem *cet.* || ex hac haec V^1OP *:* ex hac *AEH.*

moment, langage aux mesures variées et aux genres divers. Les mêmes mots seront en effet employés dans le style familier et le style relevé, et l'on ne va pas en chercher d'autres pour les besoins de chaque jour ou pour la représentation et l'apparat ; mais ces mots qui étaient devant nous, à notre disposition, nous les ramassons, nous les adoptons, et, comme une cire très molle, nous leur donnons la figure et la forme qui nous plaît. C'est ainsi que notre style est tantôt élevé, tantôt simple, et parfois tient en quelque sorte le milieu entre ces deux genres ; de même, notre pensée une fois arrêtée, le style se calque sur elle, changeant de forme et d'allures pour bien charmer l'oreille et toucher le cœur.

178 « Mais il en est du discours comme de presque toutes les choses ; la nature, d'elle-même, par un phénomène merveilleux, a voulu que les choses les plus utiles offrissent en même temps le plus de majesté ou souvent même de grâce. C'est pour la conservation et dans l'intérêt de tous les êtres que nous voyons régler la disposition entière de cet univers, de cette nature où nous vivons, où le ciel est un cercle, dont la terre forme le centre, maintenue par l'effet de ses tendances propres, où le soleil accomplit sa révolution, s'approche du solstice d'hiver et ensuite s'élève peu à peu vers le point oposé ; où la lune, en s'approchant et en s'éloignant, reçoit la lumière du soleil ; où les cinq planètes (1) parcourent la même carrière d'un mouvement et avec une vitesse différent pour chacune d'elle. **179** « Cet ensemble est si bien ordonné, que le moindre changement en détruirait la cohésion, si beau qu'on ne peut même pas imaginer de spectacle plus magnifique.

(1) Les cinq planètes des anciens, Mercure, Vénus, Mars Jupiter et Saturne. Ce sont celles qui, avec le soleil et la lune, donnent leur nom aux jours de la semaine.

multorumque generum oratio. Non enim sunt alia sermonis, alia contentionis uerba neque ex alio genere ad usum cotidianum, alio ad scaenam pompamque sumuntur ; sed ea nos cum iacentia sustulimus e medio, sicut mollissimam ceram ad nostrum arbitrium formamus et fingimus. Itaque *ut* tum graues sumus, tum subtiles, tum medium quiddam tenemus, sic institutam nostram sententiam sequitur orationis genus idque ad omnem aurium uoluptatem et animorum motum mutatur et uertitur.

178 Sed ut in plerisque rebus incredibiliter hoc natura est ipsa fabricata, sic in oratione, ut ea, quae maximam utilitatem in se continerent, plurimum eadem haberent uel dignitatis uel saepe etiam uenustatis. Incolumitatis ac salutis omnium causa uidemus hunc statum esse huius totius mundi atque naturae, rotundum ut caelum terraque ut media sit eaque sua ui nutuque teneatur, sol ut [ad] eam circumferatur, ut accedat ad brumale signum et inde sensim ascendat et in diuorsam partem ; ut luna accessu et recessu [suo] solis lumen accipiat ; ut eadem spatia quinque stellae dispari motu cursuque conficiant. **179** Haec tantam habent uim, paulum ut immutata cohaerere non pos-

177 generum *VOP* : — re *H*[1] — ra *AEH*[2] || ceram ad *VOP* : ad *AEH* || formamus et *cet.* : formam *AEH* || formamus et *VOP* : formamus *AEH* || ut *add. Schuetz* || graues sumus *VOP* : grauis simus *AEH* || sic *om. VOP* || idque *AEH* : itaque *VOP* || aurium uoluptatem *AEH* : rationem *VOP* || motum mutatur et *VOP* : ad motum utaturex *AEH*.

178 ipsa *O*[2]*AEH* : ita *cet.* || haberent *AEH* : h. plus *VOP* || ac salutis *AEH* : etiam ac s. *VOP* || sol ut eam *vulg.* : sed ut *LVOP* sol ad eam *AEH* || et in *AEH* : in *VOP* || suo *om. AEH* || dispari *AEH* : — res *VOP* || conficiant *VOP* : conspiciat *AEH*.

« Reportez maintenant votre attention sur la forme et sur la figure des hommes ou même des autres êtres vivants. Vous verrez que, dans leur corps, il n'est aucune partie qui n'ait son utilité, et que leur forme, dans son ensemble, est pour ainsi dire l'œuvre parfaite de l'art, non du hasard (1). XLVI. « Et les arbres ? Tronc, branches, feuilles ne servent en définitive qu'à y conserver et entretenir la vie ; cependant il ne s'y trouve aucun élément qui n'ait sa grâce.

180 « Laissant la nature, examinons les résultats de l'activité humaine. Dans une embarcation, qu'y a-t-il de plus indispensable que les flancs, la cale, la proue, la poupe, les antennes, les mâts ? Mais toutes ces parties, dans leur aspect, offrent une telle élégance qu'on les croirait inventées pour le plaisir autant que pour la sécurité. Les colonnes sont faites pour soutenir les temples et les portiques : cependant elles ne sont pas moins majestueuses qu'utiles. Le faîte (2) superbe du Capitole (3) et des autres temples, ce n'est pas le besoin d'élégance, mais la nécessité même qui l'a créé. En effet, l'on avait cherché le moyen de faire écouler les eaux des deux côtés de l'édifice, et l'utilité de ce faîte du temple a tout naturellement entraîné la majesté, en sorte que, même si l'on plaçait le Capitole dans le ciel, où il ne peut y avoir de pluie, il semble que, privé de son faîte, il n'aurait pas de majesté.

181 « De même, dans toutes les parties d'une phrase, ce qui est utile et presque indispensable ne va pas sans

(1) « La perfection du corps humain est, avec celle du monde, un des grands arguments dont se sert le finalisme stoïcien pour prouver la Providence » (Pichon).

(2) Il entend par là le toit à double pente.

(3) Il s'agit évidemment du Temple de Jupiter Capitolin. Etant donné le date du dialogue, le temple dont il est question est celui des Tarquins, bâti à l'époque royale. L'œuvre, de style étrusque, élevée par des artistes étrusques, fut entièrement brûlée en 83 avant J. C.

sint, tantam pulchritudinem, ut nulla species ne cogitari quidem possit ornatior.

Referte nunc animum ad hominum uel etiam ceterarum animantium formam et figuram. Nullam partem corporis sine aliqua necessitate affictam totamque formam quasi perfectam reperietis arte, non casu. XLVI. Quid in eis arboribus ? in quibus non truncus, non rami, non folia sunt denique nisi ad suam retinendam conseruandamque naturam ; nusquam tamen est ulla pars nisi uenusta.

180 Linquamus naturam artesque uideamus. Quid tam in nauigio necessarium quam latera, quam cauernae, quam prora, quam puppis, quam antennae, [quam uela,] quam mali ? quae tamen hanc habent in specie uenustatem, ut non solum salutis sed etiam uoluptatis causa inuenta esse uideantur. Columnae templa et porticus sustinent ; tamen habent non plus utilitatis quam dignitatis. Capitoli fastigium illud et ceterarum aedium non uenustas sed necessitas ipsa fabricata est. Nam cum esset habita ratio quem ad modum ex utraque tecti parte aqua delaberetur, utilitatem templi fastigi dignitas consecuta est, ut, etiam si in caelo Capitolium statueretur, ubi imber esse non posset, nullam sine fastigio dignitatem habiturum fuisse uideatur.

179 ceterarum *LOAEH* : — orum *VO²P* || affictam *VOP* : adfectum *AEH* || in eis *AEH* : in his *VOP* || nusquam — naturam (§ 180) *om. AEH.*

180 quam uela *om. AEH* || mali *VOP* : ali *AEH* || templa *AEH* : et t. *VOP* || Capitolii — fabricata est *habet* NON. *p.* 472 *M.* || fabricata est *VOP* : fabricata *AEH* || esset *VOP* : est *AEH* || tecti parte *AEH* : p. t. *VOP* || fastigii *VOP* : fasti *AEH.*

une sorte de charme et d'agrément. Les fins de phrase et les ponctuations à l'intérieur de la phrase ont en effet dû leur naissance au besoin de reprendre haleine et à la courte durée de la respiration. De cette découverte résulte un si grand charme que, s'il se rencontrait un orateur possédant une respiration infatigable, nous ne voudrions tout de même pas qu'il prononçât tout son discours sans s'arrêter. Si cette découverte a été agréable à nos oreilles, c'est que, pour nos poumons, l'application en était possible, facile même. XLVII. **182** La plus longue période est donc celle qui peut se débiter sans reprendre haleine ; mais ici la nature a ses règles et la théorie a les siennes.

« En effet, parmi les nombreuses combinaisons métriques, votre (1) Aristote, Catulus, interdit à l'orateur l'emploi trop fréquent de l'iambe et du tribraque (2). Pourtant ces pieds se présentent d'eux-mêmes à nous dans la langue relevée et dans celle de la conversation, mais le temps marqué y est trop net et ils sont composés d'un petit nombre d'unités de mesure (3). Aussi nous conseille-t-il avant tout le rythme épique (4), que nous pouvons, sans crainte, employer pendant deux pieds ou un peu plus (5), mais pas davantage ; car ainsi nous éviterons que la prose ne reproduise nettement un vers ou n'y ressemble : *altae sunt geminae quibus* (6). Ces trois pieds, pour ouvrir une période, sont d'une cadence assez élégante. **183** Mais

(1) C'est-à-dire celui qu'admirent tant les connaisseurs de la littérature grecque, dont tu es.

(2) Voir *Rhétorique* 3, 8, 4. Mais le mot τροχαῖος, auquel correspond le latin *trochaeus*, qui signifie « tribraque » désigne chez Aristote le trochée.

(3) Trois unités de mesure seulement.

(4) Dactyle et spondée (v. l'exemple).

(5) Deux pieds et une fraction, si l'on en croit l'*Orator* (224), trois, si l'on en juge par ce que Cicéron dit un peu plus loin, dans le même §.

(6) L'auteur de ce fragment, un historien, d'après certains éditeurs, est inconnu.

181 Hoc in omnibus item partibus orationis euenit, ut utilitatem ac prope necessitatem suauitas quaedam et lepos consequatur. Clausulas enim atque interpuncta uerborum animae interclusio atque angustiae spiritus attulerunt. Id inuentum ita suaue est, ut, si cui sit infinitus spiritus datus, tamen eum perpetuare uerba nolimus. Id enim auribus nostris gratum est inuentum, quod hominum lateribus non tolerabile solum sed etiam facile esse posset. XLVII. **182** Longissima est igitur conplexio uerborum, quae uolui uno spiritu potest. Sed hic naturae modus est, artis alius.

Nam cum sint numeri plures, iambum et trochaeum frequentem segregat ab oratore Aristoteles, Catule, uester, qui natura tamen incurrunt ipsi in orationem sermonenmque nostrum ; sed sunt insignes percussiones eorum numerorum et minuti pedes. Quare primum ad heroum nos [dactylici et anapaesti et spondi pedem] inuitat ; in quo impune progredi licet duo dumtaxat pedes aut paulo plus, ne plame in uersum aut in similitudinem uersus incidamus. « Altae sunt geminae, quibus », hi tres [heroi] pedes in principia continuandorum uerborum satis decore cadunt. **183** Probatur

181 ita suaue *AEH* : suaue est *VOP* ‖ posset *AEH* : possit *VOP*.

182 et **183** *habet* RVFINVS *K* VI 568, 24 *sqq.* *et H* 577, 34 *sqq.*

182 est igitur *AEH* : esset i. *VOP* ‖ complexio *cet.* : turbatio c. *VP* ‖ alius nam *om. AEH* ‖ frequentem *cet.* : — ter H^1 ‖ dactylici — spondi *secl. Madvig* ‖ pedem *secl. Ellendt* ‖ dactylici *AEH* RVFIN. : dactyli *VOP* ‖ et spondi *H* : et spondei RVFIN. spondi AE^2 spondei *cet.* ‖ inuitat *AEH* RVFIN. : imutat *LVOP* ‖ ne plane *VOP* : nec p. *AEH* RVFIN. ‖ similitudinem *codd.* : in s. RVFIN. ‖ uersus *AEH* RVFIN. : uersuum *VOP* ‖ incidamus *codd.* : — dimus RVFIN. ‖ altae *AEH* RVFIN. : aliae *VOP* ‖ heroi *secl. Madvig* ‖ uerborum *om. AEH.*

le maître loue surtout le péon (1), qui se présente sous deux formes : il commence par une longue (2), laquelle est suivie de trois brèves, comme *desinite, incipite, comprimite*, ou par trois brèves à la file, plus une longue par position ou par nature, comme *domuerant, sonipedes* (3). Le philosophe conseille de commencer la phrase par le premier de ces péons et de la finir par l'autre. Or celui-ci, non par le nombre des syllabes, mais par le sentiment de l'oreille, le plus pénétrant et le plus sûr des juges, est à peu près égal au crétique, qui se compose d'une longue, d'une brève, d'une longue, par exemple : *Quid petam praesidi aut exsequar ? Quoue nunc* (4). C'est sur ce rythme qu'a commencé Fannius (5): *Si, Quirites, minas illius* (6). D'après Aristote, il convient mieux aux fins de phrase, parce qu'il veut les voir se terminer de préférence sur une syllabe longue.

XLVIII. **184** « Mais, pour dire vrai, l'on n'exige pas ici ce soin et ce travail si précis imposé aux poètes, que la loi du genre ainsi que le rythme et la mesure mêmes (7) forcent à enfermer les mots dans le vers avec une rigueur telle que rien ne doit, fût-ce du plus léger souffle, être plus court ou plus long que la règle ne le comporte. La prose est plus libre, et, comme son nom (8) l'indique, vraiment dégagée (9) de toute entrave ; elle ne doit

(1) Voir *Rhétorique*, 3, 8, 5.

(2) Le péon premier.

(3) Le péon quatrième. « Il est impossible de savoir si l'on a ici un mot isolé ou une citation d'auteur ancien, mais, ce qui est certain, c'est que *sonipes* est un composé poétique qui n'appartient nullement à la langue de Cicéron » (Laurand).

(4) Quatre crétiques.

(5) C. Fannius, tribun de la plèbe en 133, consul en 122, adversaire de C. Gracchus.

(6) Trois crétiques.

(7) C'est-à-dire des pieds et de leurs combinaisons.

(8) *Oratio soluta*.

(9) *Soluta*.

autem ab eodem illo maxime paean, qui est duplex. Nam aut a longa oritur, quam tres breues consecuntur, ut haec uerba, « desinite, incipite, comprimite », aut a breuibus deinceps tribus, extrema producta atque longa, sicut illa sunt « domuerant, sonupedes ». Atque illi philosopho ordiri placet a superiore paeane, posteriore finire. Est autem paean hic posterior non syllabarum numero sed aurium mensura, quod est acrius iudicium et certius, par fere cretico, qui est ex longa et breui et longa, ut

Quid petam praesidi, aut exsequar ? quoue nunc...

A quo numero exorsus est Fannius : « Si, Quirites, minas illius... » Hunc ille clausulis aptiorem putat, quas uult longa plerumque syllaba terminari.

XLVIII. **184** Neque uero haec tam acrem curam diligentiamque desiderant quam est illa poetarum, quos necessitas cogit et ipsi numeri ac modi sic uerba uersu includere ut nihil sit ne spiritu quidem minimo breuius aut longius quam necesse est. Liberior est oratio et plane, ut dicitur, sic est uere soluta, non ut fugiat tamen aut erret, sed ut sine uinculis sibi ipsa moderetur. Namque ego illud adsentior Theophrasto,

183 a longa *cet.* RVFIN : longa *E* ‖ domuerant *AEH* RVFIN. : — rat *VOP* ‖ ordiri *VOP* RVFIN. : oratori *AEH* ‖ finire est *AEH* RVFIN. : finiri is *VOP* ‖ longa ut *VOP* : longa *AEH* RVFIN. ‖ Quid — nunc *Ribbeck Trag.*³ ENNII *Andromache Aechmalotis* IX ‖ Fannius *AEH* RVFIN. : Ennius *VOP*.

184 spiritu *AEH* : — tus *VOP* ‖ sic est *AEH* : sic et est *VOP* ‖ aut erret *AEH* : ut e. *VOP* ‖ erret *VOP* : terreat *AEH* ‖ Namque ego — diffusa (§185) *habet* RVFIN. *H* 580, 3 *sqq.* ‖ Namque ego — oportere *habet* RVFIN. *K* VI 571, 28 *sqq.* ‖ Namque *AEH* RVFIN. : nam neque *VOP*.

pas cependant courir au hasard ou s'égarer, mais, exempte de chaînes, se donner des lois à elle-même. J'estime, en effet, avec Théophraste, que la prose, du moins la prose soignée, et, si j'ose dire, travaillée, doit être soumise à un rythme, non pas rigoureux, mais assez libre. **185** En effet, comme il le soupçonne, après ces pieds qui composent les vers usités chez nous (1), on vit l'anapeste, rythme vraiment assez large, prendre son essor, puis il en sortit le dithyrambe (2), plus libre et plus riche, dont les membres et les pieds se retrouvent, selon l'expression de Théophraste, dans la trame de toute prose oratoire abondante. « Et, de fait, si l'on peut appeler rythme, pour les instruments et la voix, ce qui présente certains temps marqués et ce que nous pouvons mesurer par les intervalles les séparant, ce genre de combinaisons métriques, pourvu qu'elles ne soient pas continues, figurera justement parmi les qualités de la prose oratoire. On regarde comme vulgaire et sans élégance une suite de paroles qui coulent sans pause, éternelles et intarissables. Pourquoi nous rebutent-elles ? Tout simplement parce que l'instinct de l'oreille astreint le débit à une cadence musicale (3), ce qui est impossible, si, dans ce débit, il n'y a pas un rythme. **186** Or il n'y a pas de rythme dans ce qui est ininterrompu. Ce sont les arrêts, ce sont les temps marqués à intervalles égaux ou souvent différents, qui constituent le rythme ; nous pouvons en noter un dans des gouttes qui tombent, parce qu'elles tombent à intervalles ; dans un fleuve impétueux, nous ne le pouvons pas. Si, en prose, la suite de mots dont je parle est beaucoup

(1) Hexamètre, vers iambiques et trochaïques. C'est l'opinion d'Aristote qui est reproduite ici.

(2) Les mètres employés dans le dithyrambe sont bacchée, crétique et choriamb, (A. et M. Croiset, *Histoire de la littérature grecque*, t. II, p. 305).

(3) Même idée, exprimée presque de la même façon, dans l'*Orator* 53 ; voir aussi *Orator* 177.

qui putat orationem, quae quidem sit polita atque facta quodam modo, non astricte sed remissius numerosam esse oportere. **185** Etenim, sicut ille suspicatur, et ex istis modis, quibus hic usitatus uersus efficitur, post anapaestus procerior quidam numerus effloruit, inde ille licentior et diuitior fluxit dithyrambus, cuius membra et pedes, ut ait idem, sunt in omni locupleti oratione diffusa ; et, si numerosum est in omnibus sonis atque uocibus quod habet quasdam impressiones et quod metiri possumus interuallis aequalibus, recte genus hoc numerorum, dummodo ne continui sint, in orationis laude ponetur. Nam si rudis et impolita putanda est illa sine interuallis loquacitas perennis et profluens, quid est aliud causae cur repudietur nisi quod hominum aures uocem natura modulantur ipsae ? Quod fieri, nisi inest numerus in uoce, non potest. **186** Numerus autem in continuatione nullus est ; distinctio et aequalium aut saepe uariorum interuallorum percussio numerum conficit ; quem in cadentibus guttis, quod interuallis distinguuntur, notare possumus, in amni praecipitante non possumus. Quod si continuatio uerborum haec soluta multo est aptior ac iucundior, si est articulis membrisque distincta,

184 facta RVFIN. *LVO*[1]*P* : fracta *AEHO*[2].

185 et ex istis — efficitur *om.* RVFIN. || et ex istis *AEH* : ex illis *VOP* || diffusa *AEH* RVFIN. : — se *VOP* || inde ille — dithyrambus *habet* NON. *p.* 101 *M.* || in *AEH* : id in *VOP* || continui sint *AEH* : continuum sit *VOP* || ponetur *VOP* : ponitur *AEH* || impolita *AEH* : indocta *VOP* || causae *VOP* : causa *AEH* || auris *AEH* : auribus *VOP* || natura *AEH* : — rae *VOP* || modulantur *A* : — latur *cel.* || ipsae *AEH* : ipsa *VOP*.

186 aut saepe *AEH* : ut s. *VOP* || soluta *cel.* : — to *VP*.

mieux liée et plus harmonieuse, coupée en incises et en membres, plutôt que débitée sans interruption et prolongée sans mesure, ces membres doivent offrir une proportion harmonieuse. Si les derniers sont trop brefs, on coupe trop brusquement ce circuit de mots, si j'ose ainsi parler ; tel est le terme en effet, que les Grecs emploient pour désigner la forme périodique du style. Aussi chaque membre de phrase doit-il être égal au précédent et le premier au dernier, ou même plus long, ce qui est mieux et plus agréable. XLIX. **187** Voilà les conseils des philosophes (1) auxquels vont, Catulus, tes sympathies particulières ; j'invoque assez souvent (2) leur témoignage pour éviter, en citant mes auteurs, le reproche de nous entretenir de bagatelles.

— Des bagatelles, dit Catulus ? Peut-on rien présenter de plus fin que cet exposé, et, d'une façon générale, parler avec plus de finesse précise que tu ne l'as fait ?

— **188** Mais je crains bien, reprit Crassus, que ces jeunes gens (3) ne les jugent un peu difficiles dans l'application, ou, comme elles n'entrent pas dans l'enseignement banal (4), qu'ils ne trouvent que nous semblons en exagérer l'importance (5) et la difficulté.

— Alors Catulus : Tu te trompes, Crassus, si tu crois que moi ou personne ici attende de toi ces conseils banals et rebattus. Ce que tu dis, est précisément ce que nous voulons entendre dire, et nous voulons moins l'entendre dire que l'entendre dire comme tu fais, je te l'assure sans aucune hésitation, non seulement en mon nom, mais au nom de tous ceux qui sont ici.

(1) Aristote et son disciple Théophraste, qui le suivait presque sur tous les points.

(2) §§ 173, 182, 183.

(3) Sulpicius et Cotta. La jeune génération admettait, semble-t-il, les théories néo-attiques qui ne font pas de place au rythme, du moins tel que l'entend Cicéron.

(4) Celui des rhéteurs latins.

(5) L'essentiel étant la *copia verborum* ; voir §§ 103, 120 et 125.

quam si continuata ac producta, membra illa modificata esse debebunt; quae si in extremo breuiora sunt, infringitur ille quasi uerborum ambitus; sic enim has orationis conuersiones Graeci nominant. Quare aut paria esse debent posteriora superioribus et extrema primis, aut, quod etiam est melius et iucundius, longiora. XLIX. **187** Atque haec quidem ab his philosophis, quos tu maxime diligis, Catule, dicta sunt; quod eo saepius testificor, ut auctoribus laudandis ineptiarum crimen effugiam.

Quarum tandem ? inquit Catulus, aut quid disputatione ista adferri potest elegantius aut omnino dici subtilius ?

188 At enim uereor, inquit Crassus, ne haec aut difficiliora istis ad persequendum esse uideantur, aut, quia non traduntur in uulgari ista disciplina, nos ea maiora ac difficiliora uideri uelle uideamur.

Tum Catulus : Erras, inquit, Crasse, si aut me aut horum quemquam putas a te haec opera cotidiana et peruagata expectare. Ista, ista quae dicis, dici uolumus, neque tam dici quam isto dici modo; neque tibi hoc pro me solum sed pro his omnibus sine ulla dubitatione respondeo.

186 membra *AEH* : uerba *VOP* || si in *VOP* : si *AEH* || orationis *VOP* : —nes *AEH* || conuersiones *VOP* : — nis *AEH* || paria *VOP* : prima *AEH* || et extrema *cet.* : aut e. *O* e. *P*.

187 his *cet.* : eis *O*.

188 difficiliora *AEH* : — or *VOP* || ad persequendum — ista *om.* *LVOP* || nos *VOP* : non *AEH* || maiora ac *AEH* : m. et *VOP* || uideamur *AEH* : uidemus *VOP* || me aut *om.* *AEH* || Ista, ista *LVO* : ista *O²PH* isti *AE* || quae dicis *VOP* : quae *AEH*

— **189** Pour moi, dit Antoine, j'ai trouvé maintenant l'homme que, dans mon livre, j'avais déclaré n'avoir jamais trouvé (1), l'homme véritablement éloquent. Mais je ne t'ai pas interrompu, même pour te louer, afin de ne rien enlever, fût-ce en prononçant un seul mot, au temps si court (2) que tu peux consacrer à cet entretien.

— **190** Eh bien ! dit Crassus, nous arriverons à appliquer ces règles, et, par là, à donner à notre phrase un tour (3) parfait, grâce à l'exercice de la parole et à l'habitude d'écrire, qui orne et polit comme à la lime cette partie autant et plus que les autres (4). Et la difficulté n'est pas si grande qu'il semble ; ici il n'est pas nécessaire de se plier aux règles très strictes des techniciens du rythme ou des musiciens ; il suffit d'arriver à ce que la phrase ne coule pas indéfiniment, n'aille pas au hasard, ne s'arrête pas trop tôt, ne se prolonge pas trop longtemps, à ce qu'elle soit coupée en membres bien distincts, qu'elle forme une période complète. Et il ne faut pas employer toujours ces longues suites de mots formant ce que j'appelle une période. Souvent il faut couper la phrase en membres plus courts, mais eux aussi doivent être assujettis au nombre. **191** Que le péon ou le mètre héroïque dont j'ai parlé tout à l'heure (5) ne vous effrayent pas non plus (6). D'eux-mêmes ils s'offriront dans la phrase ; oui, d'eux-mêmes ils se présenteront et répondront à l'appel sans être nommés. Il ne s'agit, comme je le disais (7), que de

(1) Voir de *Oratore* 1, 94 ; 3, 54 ; *Brutus* 163 et *Orator* 18. Quintilien et Pline le Jeune nous parlent également de cet ouvrage.

(2) Allusion aux paroles que Cicéron met plus haut (§ 81) dans la bouche de Crassus.

(3) Image prise de l'argile qu'on pétrit.

(4) Cf. *de Oratore* 1, 150 : *stilus optimus est et praestantissimus dicendi effector ac magister.*

(5) §§ 183 pour le premier et 182 pour le second.

(6) Parce que vous vous préoccuperez de les employer.

(7) § 190.

189 Ego uero, inquit Antonius, inueni iam quem negaram in eo, quem scripsi, libello me inuenisse eloquentem. Sed eo te ne laudandi quidem causa interpellaui, ne quid de hoc tam exiguo sermonis tui tempore uerbo uno meo deminueretur.

190 Hanc igitur, Crassus inquit, ad legem cum exercitatione tum stilo, qui et alia et hoc maxime ornat ac limat, formanda nobis oratio est. Neque tamen hoc tanti laboris est quanti uidetur, neque sunt haec rhythmicorum aut musicorum acerruma norma dirigenda ; [et] efficiendum est illud modo nobis, ne fluat oratio, ne uagetur, ne insistat interius, ne excurrat longius, ut membris distinguatur, ut conuersiones habeat absolutas. Neque semper utendum est perpetuitate et quasi conuersione uerborum, sed saepe *carpenda* membris minutioribus oratio est. quae tamen ipsa membra sunt numeris uincienda. **191** Neque uos paean aut herous ille conturbet. Ipsi occurrent orationi ; ipsi, inquam, se offerent et respondebunt non uocati, consuetudo modo illa sit scribendi atque dicendi, ut sententiae uerbis finiantur eorumque uerborum

189 iam *AEH* : tamen *LVO*¹*P*¹ tandem *O*²*P*² || te ne *VOP* : tenore *AEH* || quidem causa *VOP* : quidem **** ca ****** || deminueretur *cet.* : dim — *A*.

190 Crassus inquit *om. AEH* || ad legem *VOP* : a lege *AEH* || nobis *E*¹ : uobis *cet.* || hoc *VOP* : in hoc *AEH* || quanti *AEH* : quantum *VOP* || aut musicorum *AEH* : ac m. *VOP* || efficiendum *vulg* : et e. *VOP* — da *AEH* || quasi *VOP* : quos et *AEH* || saepe carpenda — facere uideamur (§ 193) *habet* RVFINVS *H* 578, 14 *sqq.* || saepe carpenda — uincienda *habet* RVFIN. *K* VI 569, 16 *sqq.* || carpenda RVFIN. : capienda *codd.* || membris *VOP* RVFIN. : uerbis *AEH*.

191 *habet* RVFIN. *K* VI 569, 20 *sqq.*

prendre l'habitude, en écrivant et en parlant, d'exprimer la pensée par des mots qui lui donnent une juste étendue, et, les mots ainsi groupés en une période, de la commencer par des mesures majestueuses et d'allure libre, surtout mètre héroïque, péon premier et crétique, et de la terminer suivant des formes nettement saisissables et variées (1). Car c'est surtout aux pauses que l'on remarque la monotonie. Si l'on a pris soin d'observer cette règle (2) dans les premiers et les derniers pieds, ceux du milieu peuvent passer inaperçus (3), à condition que ce circuit de mots ne soit pas plus court que l'oreille ne s'y attend ou plus long que les poumons et le souffle ne le permettent. **L. 192** Une autre raison encore me fait demander plus de soin pour les clausules que pour le reste ; c'est là qu'on juge le mieux si la phrase est complète et bien faite. Dans un vers, on fait attention au commencement, aussi bien qu'au milieu et à la fin, et il est estropié, quelle que soit la partie où il fait un faux pas. Au contraire, en prose, peu d'auditeurs sont frappés par le commencement, mais le plus grand nombre par la fin. Puisque cette partie est en lumière et qu'on la remarque, il faut en varier le rythme, pour éviter qu'elle ne soit rebutée par le jugement de l'esprit ou la satiété de l'oreille. **193** Ce sont en somme les deux ou trois derniers pieds (4) qu'il faut soigner et marquer, à moins que le reste de la phrase ne soit un peu court et tronqué. Ils peuvent être des trochées, des dactyles, à la file ou alternés, ou bien être constitués par ce péon quatrième, qu'Aristote recommande, ou le crétique, dont le nombre d'unités de mesures

(1) Tous les rhéteurs et grammairiens latins insistent sur la nécessité d'éviter la monotonie dans la forme des clausules.

(2) Celle ou plutôt celles qui sont données dans la phrase précédente.

(3) Passer inaperçus de l'oreille, c'est-à-dire présenter une cadence moins nettement marquée.

(4) Voir page 74, n. 5.

iunctio nascatur a proceris numeris ac liberis, maxime heroo aut paeane priore aut cretico, sed distincte uarieque considat. Notatur enim maxime similitudo in conquiescendo. Et si primi et postremi [illi] pedes sunt hac ratione seruati, medii possunt latere, modo ne circumitus ipse uerborum sit aut breuior, quam aures expectent, aut longior, quam uires atque anima patiatur. L. **192** Clausulas autem diligentius etiam seruandas esse arbitror quam superiora, quod in eis maxime perfectio atque absolutio iudicatur. Nam uersus aeque prima et media et extrema pars attenditur, qui debilitatur, in quacunque est parte titubatum ; in oratione autem pauci prima cernunt, postrema plerique, quae quoniam apparent et intelleguntur, uarianda sunt, ne aut animorum iudiciis repudientur aut aurium satietate. **193** Duo enim aut tres fere sunt extremi seruandi et notandi pedes, si modo non breuiora et praecisa erunt superiora, quos aut choreos aut heroos aut alternos esse oportebit, aut in paeane illo posteriore, quem Aristoteles probat, aut ei pari cretico. Horum uicissitudines efficient ut neque

191 a proceris numeris *VOP* RVFIN. *:* ac p. n. *AEH* || similitudo in *AEH :* similitudo *VOP* || distincte uarieque *ego :* uarie distincteque *codd.* RVFIN. || illi *om. AEH* RVFIN. || ne *AEHP*[2] *:* in *cet.* || expectent — uires *om. LVO*[1]*P*[1] || expectent *codd. :* —tant RVFIN.

192 *habet* RVFINVS *K* VI 509, 26 *sqq.* || in eis *AEH* RVFIN. : in his *VOP* || perfectio *AEH* RVFIN. : perspectio *VOP* || qui *VOP* RVFIN. *:* quid *AEH* || est *AEH* RVFIN. : sit *VOP* || pauci prima *AEH* RVFIN. : p. paucae *VOP* || quae quoniam *cet. :* quoniam *E* RVFIN.

193 *habet* RVFINVS *K* VI 569, 4 *sqq.* || fere sunt *AEH* RVFIN. : sunt fere *VOP* || non breuiora *VOP* RVFIN. : breuiora *AEH* || choreos *AEH :* choricos *VOP* || aut in *P* RVFIN. : aut et *cet.* || ut neque *AEH* RVFIN. : neque *VOP* || efficient ut *AEH :* —ientur *VOP* — erentur *P*[1].

est le même. En employant ces clausules tour à tour, on évitera que le dégoût né de la monotonie ne produise chez l'auditeur la satiété, et nous n'aurons pas l'air d'avoir recherché l'effet. **194** Le célèbre Antipater de Sidon, cet homme que tu dois bien te reppeler, Catulus, a pu s'habituer à composer sur le champ des hexamètres et d'autres vers, de rythme et de longueur variés ; grâce à l'exercice, appuyé sur son intelligence et sa mémoire, lorsqu'il appliquait tout son talent, toute sa volonté à parler en vers, les mots se présentaient d'eux mêmes. Combien, en prose, par l'exercice et l'habitude, nous sera-t-il plus facile d'arriver à la même facilité !

195 « Ne nous étonnons d'ailleurs pas que le vulgaire sans culture remarque, en écoutant, le nombre oratoire. C'est que, pour tout ordre de perception, mais particulièrement ici intervient je ne sais quel instinct puissant et extraordinaire. Tous les hommes, en effet, par une sorte de sentiment inconscient, sans culture artistique ou principe théorique, discernent ce qu'il y a de bien ou de défectueux dans les arts ou dans les sciences théoriques. Ils le font pour les tableaux, les statues et les œuvres d'art, que la nature les a moins préparés à comprendre ; ils jugent beaucoup mieux encore quand il s'agit des mots, des rythmes et des sons, toutes impressions qui reposent sur des sensations communes à tous et pour lesquelles la nature a voulu que personne ne fût absolument dépourvu de lumières. **196** Aussi tout le monde est-il sensible non seulement à l'habile arrangement des mots, mais encore à l'harmonie des rythmes et des sons. Peu de gens possèdent la connaissance théorique des rythmes et des pieds ; cependant, si, en cette matière, se produit le moindre faux pas, si l'on a prononcé brève une syllabe longue ou longue une syllabe brève, tout le théâtre proteste à grands cris. N'en est-il pas de même pour les sons, et, à la moindre dissonance, la salle entière ne chasse-t-elle

ei satientur, qui audient, fastidio similitudinis, nec nos id, quod faciemus, opera dedita facere uideamur. **194** Quod si Antipater ille Sidonius, ille quem tu probe, Catule, meministi, solitus est uersus *h*exametros aliosque uariis modis atque numeris fundere ex tempore tantumque hominis ingeniosi ac memoris ualuit exercitatio ut, cum se mente ac uoluntate coniecisset in uersum, uerba sequerentur, quanto id facilius in oratione exercitatione et consuetudine adhibita consequemur !

195 Illud autem ne quis admiretur quonam modo haec uulgus imperitorum in audiendo notet, cum in omni genere tum in hoc ipso magna quaedam est uis incredibilisque naturae. Omnes enim tacito quodam sensu sine ulla arte aut ratione quae sint in artibus ac rationibus recta ac praua diiudicant ; idque cum faciunt in picturis et in signis et in aliis operibus, ad quorum intellegentiam a natura minus habent instrumenti, tum mult*o* ostendunt magis in uerborum, numerorum uocumque iudicio, quod ea sunt in communibus infixa sensibus nec earum rerum quemquam funditus natura esse uoluit expertem. **196** Itaque non solum uerbis arte positis mouentur omnes, uerum etiam numeris ac uocibus. Quotus enim quisque est qui teneat artem

193 quod faciemus *AEH* : f. quod *VOP*.

194 ille quem *LVOP*[1] : quem *AEHP*[2] || hexametros *vulg.* : ex — *codd.* || uoluntate *VOP* : uoluptate *AEH* || coniecisset *AEH* : eiec — *VOP* || facilius in *AEH* : facilius *VOP*.

195 quonam *VOP* : quoniam *AEH* || tum in *AEH* : tum *VOP* || quae sint *AEH* : q. sunt *VOP* || tum multo *vulg.* : tum multum *VOP om. AEH* || ostendunt *AEH* : ostenderint *VOP* || uerborum *VOP* : uerbo *AEH* || rerum *om. AEH*.

pas de la scène (1) les masses chorales et même les solistes ?

LI .197 « C'est une chose étonnante que, lorsqu'il faut produire, il y ait tant de différence entre l'homme instruit et l'ignorant, et qu'il y en ait si peu lorsqu'il faut juger (2). C'est que l'art a son fondement dans la nature (3), et, s'il ne réussit pas à produire un mouvement de plaisir par des moyens tout naturels, il semble bien avoir manqué complètement son but. Or rien n'a des relations aussi intimes avec nos âmes que les rythmes et les sons, qui nous animent, nous enflamment, nous apaisent, nous endorment et souvent rendent notre humeur sereine ou sombre. Leur pouvoir, plus étroitement attaché aux vers et aux chants, n'a été négligé, il me semble, ni par Numa, ce roi si cultivé (4), ni par nos ancêtres, comme en témoignent les lyres et les flûtes des banquets solennels, ainsi que les vers des Saliens ; mais c'est surtout dans la Grèce d'autrefois qu'il a été connu et je voudrais que vous eussiez pris (5), comme sujet d'entretien, cette question et d'autres semblables plutôt que ces puériles métaphores. **198** Si vraiment le profane, dans un vers, voit ce qui cloche, il n'est pas moins sensible à un manque d'équilibre dans une de nos phrases. Mais, au poète, il ne passe rien, pour nous il a quelque indulgence ; d'ailleurs le silence des auditeurs ne les empêche pas de voir tous que nos paroles n'offrent pas cet ensemble bien lié et plein dont j'ai parlé. Aussi les anciens orateurs, incapables, comme certains encore de nos

(1) Par ses sifflets.

(2) On trouve des idées analogues exprimées dans le *Brutus*, chap. 49 et 50.

(3) Expliqué par l'*Orator* 178.

(4) On le donnait pour un disciple de Pythagore, sans que d'ailleurs cette opinion soit admise par Cicéron.

(5) Allusion à la demande que Sulpicius lui a adressée (147).

numerorum ac modorum ? At in iis si paulum modo offensum est, ut aut contractione breuius fieret aut productione longius, theatra tota recclamant. Quid, hoc non idem est in uocibus, ut a multitudine ac populo non modo caternae atque concentus sed etiam ipsi sibi singuli discrepantes eiciantur ?

LI. **197** Mirabile est, cum plurimum in faciendo intersit inter doctum et rudem, quam non multum differat in iudicando. Ars enim cum a natura profecta sit, nisi natura moueat ac delectet, nihil sane egisse uideatur. Nihil est autem tam cognatum mentibus nostris quam numeri atque uoces, quibus et excitamur et incendimur et lenimur et languescimus et ad hilaritatem et ad tristitiam saepe deducimur ; quorum illa summa uis carminibus est aptior et cantibus, non neglecta, ut mihi uidetur, a Numa rege doctissimo maioribusque nostris, ut epularum sollemnium fides ac tibiae Saliorumque uersus indicant, maxime autem a Graecia uetere celebrata. Quibus utinam similibusque de rebus disputari quam de puerilibus his uerborum tralationibus maluissetis ! **198** Verum ut in uersu uulgus, si est peccatum, uidet, sic, si quid in nostra oratione claudicat, sentit, sed poetae non ignoscit, nobis

196 iis *AEH* : his *VOP* || recclamant *LHavet clausulae causa* : recl — *codd.* || ac populo *AEH* : et p. *VOP* || concentus *EH* : conu — *cet.* || singuli *VOP* : — lis *AEH.*

197 a natura *VOP* : natura *AEH* || nisi natura *AEH* : n. naturam *VOP* || excitamur *cet.* : exercit — *AH* || lenimur *VOP* : limamur *AEH* || maioribusque nostris *VOP* : maioribus *AEH* || a Graecia *AEH* : in G. *VOP* || quam de *VOP* : quam *AEH.*

198 Verum ut — cernunt *habet* RVFINVS *H* 578, 36 *sqq.* et *K* VI 570, 10 *sqq.*

contemporains, de former ce circuit et pour ainsi dire ce cercle de mots (car il n'y a pas longtemps (1) que nous avons commencé à le pouvoir ou à l'oser), opposaient ils les mots trois à trois, deux à deux ou même quelquefois un à un ; dans cette ignorance de l'art de la parole, ils ne se conformaient pas moins aux exigences naturelles de l'oreille ; ils groupaient leurs paroles en membres de phrase de longueur égale et se ménageaient des pauses régulières.

c) Figures de pensées et de mots (199-209)

LII. **199** « J'ai essayé de vous exposer, aussi bien que je l'ai pu, ce qui, selon moi, pouvait le mieux servir à rendre le style brillant. J'ai parlé en effet de la beauté des mots considérés en eux mêmes, j'ai parlé de leur groupement dans la phrase, j'ai parlé du rythme et de la période. M'interrogez-vous aussi sur la forme extérieure et pour ainsi dire le teint du style ? Le style peut avoir quelque embonpoint, tout en restant bien proportionné, ou bien quelque maigreur, mais sans manquer de nerfs et de muscles, ou bien enfin participer des deux autres genres, tout en se tenant en quelque sorte dans un juste milieu, ce qui fait son mérite. Chacun de ces trois genres doit avoir comme un teint brillant, où l'application du fard n'entre pour rien, mais que le sang a partout répandu.

200 « Alors seulement l'orateur dont nous nous occupons doit être rompu au maniement des mots et des pensées, et, de même que ceux qui luttent avec des armes ou à la palestre (2), ne pas juger suffisant de connaître l'art de parer les coups ou d'en porter, mais chercher à mettre de la grâce dans ses mouvements.

(1) En effet, avant Crassus, on ne trouve pas trace de période en latin.

(2) Les gladiateurs et les athlètes.

concedit Taciti tamen omnes non esse illud, quod diximus, aptum perfectumque cernunt. Itaque illi ueteres, sicut hodie etiam nonnullos uidemus, cum circumitum et quasi orbem uerborum conficere non possent — nam id quidem nuper uel posse uel audere coepimus —, terna aut bina aut nonnulli singula etiam uerba dicebant ; qui in illa infantia naturale illud, quod aures hominum flagitabant, tenebant tamen, ut et illa essent paria, quae dicerent, et aequalibus interspirationibus uterentur.

LII. **199** Exposui fere, ut potui, quae maxime ad ornatum orationis pertinere arbitrabar. Dixi enim de singulorum laude uerborum, dixi de coniunctione eorum, dixi de numero atque forma. Sed etiam si habitum orationis et quasi colorem aliquem requiritis, est et plena quaedam, sed tamen teres, et tenuis, non sine neruis ac uiribus ; et ea, quae particeps utriusque generis quadam mediocritate laudatur. His tribus figuris insidere quidam uenustatis non fuco illitus, sed sanguine diffusus debet color.

200 Tum denique hic nobis orator ita conformandus est et uerbis et sententiis, ut, quem ad modum qui utuntur armis aut palaestra non solum sibi uitandi

198 taciti *AEH* RVFIN. : — te *VOP* || circumitum *VOP :* circulum *AEH* || uerborum *VOP :* ouum *AEH* || audere *LO²* : audire *cet.* || naturale *AEH :* — li *VOP* || tenebant *O²* : tendebant *cet. om.* *P¹* || aequalibus *VOP :* et qual — *AEH.*

199 etiam si habitum *AEH :* si h. e. *VOP* || est et *AEH :* est *VOP* || sed tamen *AEH :* et tamen *L* et *VOP* || non sine *AEH :* et non s. *VOP* || quidam *VOP :* quaedam *AEH.*

200 hic nobis *AEH :* n. hic *VOP* || armis aut *VOP :* a. et *AEH.*

201 « Les figures de mots et celles de pensées sont presque innombrables, et je sais que vous ne l'ignorez pas (1). Mais, entre les figures de mots et celles de pensées, il y a cette différence, que les premières disparaissent, si l'on change les mots, et que les autres subsistent toujours, quels que soient les mots que l'on se décide à employér. Bien que vous appliquiez ces procédés, je crois devoir appeler votre attention sur un point : ne croyez pas que l'orateur, pour se distinguer et se faire admirer, doive, en ce qui concerne les mots pris isolément, avoir recours à d'autres moyens que les trois (2) suivants : se servir fréquemment (3) de mots pris métaphoriquement, parfois de mots créés par nous, rarement (4) — mais quelquefois aussi — de mots archaïques. Pour la phrase, après avoir donné ses soins à ce qu'il n'y ait rien qui heurte dans la liaison des mots et dans le rythme, comme nous l'avons dit plus haut (5), il faut partout relever souvent le style par ce que j'appellerai les effets brillants (6) de pensées (7) et de mots.

LIII. 202 « En effet, pour frapper vivement les auditeurs, on peut insister sur un point, exposer les faits brillamment et les placer pour ainsi dire sous les yeux (8), procédés qui, même dans l'exposé des faits, ont un très grand

(1) La question des figures de rhétorique a déjà fait l'objet d'une partie du livre IV de la *Rhétorique à Hérennius* (§ 19 et suiv. ; anciens livres V et VI). Cicéron y reviendra dans l'*Orator* (§§ 134-138),

(2) Voir §§ 152 et 170.

(3) A cette recommandation, cf. *de Oratore* 2, 155 et *Orator* 81.

(4) Cf. § 153.

(5) § 172.

(6) « Les figures dans le discours, ce sont des fleurs dans la prairie, les couleurs et les lumières dans un tableau, les joyaux et les brillants dans la parure ; elles embellissent la diction et la colorent ; elles lui donnent du relief et de l'éclat ; de là, pour exprimer l'idée de figures, ces termes ingénieux et élégants que l'on rencontre à chaque page dans Cicéron » (Causeret).

(7) §§ 202-205.

(8) L'hypotypose.

aut feriendi rationem esse habendam putent, sed etiam ut cum uenustate moueantur [,sic uerbis quidem ad aptam compositionem et decentiam, sententiis uero ad grauitatem orationis utatur] [ut ii, qui in armorum tractatione uersantur].

201 Formantur autem et uerba et sententiae paene innumerabiliter, quod satis scio notum esse uobis, sed inter conformationem uerborum et sententiarum hoc interest quod uerborum tollitur, si uerba mutaris, sententiarum permanet, quibuscumque uerbis uti uelis. Quod quidem uos etsi facitis, tamen admonendos puto ne quid esse aliud oratoris putetis, quod quidem sit egregium atque mirabile, nisi in singulis uerbis illa tria tenere, ut tralatis utamur frequenter interdumque factis, raro autem etiam peruetustis. In perpetua autem oratione, cum et coniunctionis leuitatem et numerorum, quam dixi, rationem tenuerimus, tum est quasi luminibus distinguenda et frequentanda omnis oratio sententiarum atque uerborum.

LIII. **202** Nam et commoratio una in re permultum mouet et illustris explanatio, rerum*que*, quasi gerantur, sub aspectum paene subiectio, quae et in

200 putent *cet.* : putant *E* || sic uerbis — utatur *in nostris omissum secl. Friedrich* || ut ii — uersantur *secl. Lambin* || ii *VOP* : his *AEH*.

201 autem et *AEH* : autem etiam et *VOP* || innumerabiliter *AEH* : — biles *VOP* || quod satis *cet.* : quod hoc s. *H* || *Post* nobis *scribunt AEH* : inter quos hoc interest sed inter confirmationem uerborum et sententiarum || nisi in *VOP* : ne *AEH* || In perpetua — uerborum *habet* QVINT. 9, 1, 26 || leuitatem *OP* QVINT. : len— *LVAEH*.

202 *habet* QVINT. 9, 1, 26-28 || rerumque quasi *vulg.* : rerum quaeque *AEH* rerum quasi *VOP* || aspectum *AEH* QVINT. : —tu *VOP*.

poids, pour mettre dans tout leur jour ceux que l'on expose aussi bien que pour les amplifier ; car ainsi, lorsque nous agrandirons ces faits, l'image qu'en donnera notre discours semblera, pour les auditeurs, la réalité. A ces figures s'opposent souvent l'allusion rapide, la litote, qui laisse entendre plus qu'on n'a dit, la formule brève, qui résume sans obscurité (1), l'atténuation, et une forme de raillerie qui en est voisine et à laquelle s'appliquent assez bien les préceptes de César (2). **203** Il y a aussi la digression qui, une fois son intérêt épuisé, demande qu'on revienne au sujet et qu'on annonce le nouveau développement d'une manière habile et élégante, la figure par laquelle on abandonne un développement, ou par laquelle on revient à l'idée principale, la reprise d'une idée, le raisonnement en forme enfermant bien la pensée (3). On peut aussi, pour grossir ou atténuer les faits réels, en exagérer l'expression et même la porter au-delà de la vérité (4), donner à sa pensée la forme d'une interrogation oratoire (5), et, ce qui s'en rapproche, sonder pour ainsi dire l'adversaire par des questions répétées et en y répondant exprimer sa propre façon de voir. Nous avons aussi la dissimulation, qui, mieux que les autres figures, rampe, si j'ose ainsi parler, jusque dans les cœurs ; elle dit le contraire de ce qu'on veut faire entendre et elle est très agréable dans un discours, lorsqu'elle est traitée sur un ton, non pas oratoire, mais familier. On peut également hésiter, soit que l'on distingue les différentes faces d'une idée, soit que l'on rectifie une chose avant ou après l'avoir énoncée, soit que l'on écarte de soi un reproche, **204** prévenir une attaque, rejeter la faute sur un autre, user de la communication, c'est à dire délibérer,

(1) La brachylogie.
(2) Voir livre II, 261 et suiv., 269 et suiv.
(3) Sans doute le syllogisme.
(4) L'hyperbole.
(5) Elle n'appelle pas de réponse.

exponenda re plurimum ualent et ad illustrandum id, quod exponitur, et ad amplificandum, ut iis qui audient illud quod augebimus, quantum efficere oratio poterit, tantum esse uideatur; et huic contraria saepe percursio est et plus ad intellegendum, quam dixeris, significatio; et distincte concisa breuitas; et extenuatio; et huic adiuncta illusio a praeceptis Caesaris non abhorrens; **203** et ab re digressio, in qua cum fuerit delectatio, tum reditus ad rem aptus et concinnus esse debebit propositioque quid sis dicturus; et ab eo, quod est dictum, seiunctio; et reditus ad propositum; et iteratio; et rationis apta conclusio; tum augendi minuendiue causa ueritatis supralatio atque traiectio; et rogatio atque huic finitima quasi percontatio expositioque sententiae suae; tum illa, quae maxime quasi inrepit in hominum mentes, alia dicentis ac significantis dissimulatio, quae est periucunda, cum orationis non contentione sed sermone tractatur; deinde dubitatio; tum distributio; tum correctio uel ante uel post quam dixeris uel cum aliquid a te ipso

202 ualeat *AEH* : ualet *VOP* QVINT. ‖ et ad *VOP* QVINT. : ad *AEH* ‖ quantum *VOP* QVINT. : quam *AEH* ‖ huic c. *LP*²*AEH* QVINT. : hinc c. *VP*¹ hinc contra *O* ‖ percursio QVINT. : percussio *codd.* ‖ est et *VOP* QVINT. : stet *AEH* ‖ plus ad *codd.* : ad plus QVINT. ‖ distincte *VOP* QVINT. : — tio *AEH* ‖ breuitas et *VOP* QVINT. : breuitas *AEH* ‖ illusio QVINT. : inlusi *O* inclusio *AEH* diuisio *cet.*

203 habet QVINT. 9, 1, 28-30 ‖ ab re *AEH* QVINT. : a re non longa *VOP* ‖ sis *VOP* QVINT. : sit *AEH* ‖ rationis *AEH* QVINT. : orat — *VOP* ‖ minuendiue *VOP* QVINT. : minuendi *AEH* ‖ supralatio *codd.* : superlatio QVINT. ‖ rogatio *VOP* QVINT. : ratio *AEH* ‖ quae est — tractatur *om.* *AEH* ‖ orationis *AEH* : in oratione *VOP* QVINT. ‖ correctio *VOP* QVINT. : correptio *AEH* ‖ aliquid a te *AEH* QVINT. : a te aliquid *VOP*.

pour ainsi parler, avec ceux à qui l'on s'adresse, peindre des caractères ou la vie réelle, en introduisant ou non des personnages ; cette dernière figure est vraiment, pour un discours, un riche ornement ; plus que toutes les autres, elle est propre à disposer favorablement les esprits, souvent même à les toucher ; **205** faire paraître un personnage (1) supposé est la figure la plus puissante pour l'amplification. On décrit aussi, on induit l'auditoire en erreur (2), on le porte à l'enjouement, on réfute d'avance des objections, on introduit des comparaisons et des exemples, deux moyens très efficaces ; on emploie le dilemme, l'interruption, l'antithèse ; on déclare qu'on ne dit pas tout ; on avertit l'auditeur de ce dont il doit se garder ; on se permet, pour amplifier, un langage franc et même libre ; on se met en colère ; on blâme ; on promet la vérité ; on demande l'indulgence ; on supplie ; on ouvre une courte parenthèse ; on se justifie ; on se concilie les auditeurs ; on harcèle l'adversaire ; on exprime des souhaits et des malédictions. Telles sont les principales figures de pensée qui jettent de l'éclat sur le discours.

Les figures de mots.

LIV. **206** « Quant à la forme même (3), comme une arme, elle est utile par sa menace, et, pour ainsi dire, par ses coups, ou bien elle plaît par la seule façon dont on la manie. En effet la répétition d'un mot a parfois de la force, ailleurs du charme ; de même rapprocher des mots qui offrent entre eux de légères différences dans les lettres (4) ou dans la flexion ; reprendre plusieurs fois le même mot au commencement, ou le

(1) La prosopopée.

(2) En détournant l'esprit des auditeurs de ce qui est en question.

(3) C'est-à-dire les figures de mots.

(4) La paronomase, exemple *lenonem et leonem, amissum* et *omissum*, etc.

reicias ; **204** praemunitio etiam est ad id, quod adgrediare, et traiectio in alium ; communicatio, quae est quasi cum iis ipsis, apud quos dicas, deliberatio ; morum ac uitae imitatio uel in personis uel sine illis, magnum quoddam ornamentum orationis et aptum ad animos conciliandos uel maxime, saepe autem etiam ad commouendos ; **205** personarum ficta inductio, uel grauissimum lumen augendi ; descriptio ; erroris inductio ; ad hilaritatem impulsio ; anteoccupatio ; tum duo illa, quae maxime mouent, similitudo et exemplum ; digestio ; interpellatio ; contentio ; reticentia ; com*min*atio ; uox quaedam libera atque etiam effrenatio augendi causa ; iracundia ; obiurgatio ; promissio ; deprecatio ; obsecratio ; declinatio breuis a proposito, [non ut superior illa digressio] ; purgatio ; conciliatio ; laesio ; optatio atque exsecratio. His fere luminibus inlustrant orationem sententiae.

LIV. **206** Orationis autem ipsius, tamquam armorum est uel ad usum comminatio et quasi petitio uel ad uenustatem ipsa tractatio. Nam et geminatio uerborum habet interdum uim, leporem alias ; et paulum immutatum uerbum atque deflexum ; et eiusdem uerbi crebra

204 *habet* QVINT, 9, 1, 30 || traiectio *codd.* : reiectio QVINT. || est quasi *LAEH* QVINT : est *VOP* || iis *cet.* : his *LVOP* || commouendos *cet.* QVINT. : commonendos *AEH*[2].

205 *habet* QVINT. 9, 1, 31-331 || lumen *AEH* QVINT. : lumen est *VOP* || descriptio *EH* QVINT : disc — *A* discretio *VOP* || comminatio *Schuetz* : commendatio *codd.* QVINT. || effrenatio *cet.* : — tior *O* QVINT. || augendi *AEH* QVINT. : ag — *VOP* || non — digressio *secl. ut glossema* || laesio QVINT. : laesio et *VOP* laesi *AEH* || exsecratio *AEH* QVINT : exercitatio *VOP*.

206 *habet* QVINT. 9, 1, 33 || leporem *cet.* QVINT : — rum *LVP*[2] || paulum *codd.* : paululum QVINT.

ramener plusieurs fois à la fin de membres de phrases ; user du retour vif et animé des mêmes mots (1) ; rattacher à un seul mot plusieurs compléments ; procéder par gradation ascendante ; employer plusieurs fois le même mot avec ce que j'appellerai des nuances de sens différentes ; placer le même mot à la fin d'un membre de phrase et au début du suivant ; employer soit des termes qui ont même désinence casuelle ou même terminaison, soit des membres de phrases symétriques ou de même longueur. **207** Il y a aussi ce que j'appellerai l'escalier (2) ; il y a le renversement des termes (3), leur élégante transposition (4), l'antithèse, l'asyndèle, la prétérition (5), la rectification, l'exclamation, l'emploi d'une forme syncopée, celui du même mot à différents cas, l'application à plusieurs termes de l'épithète accollée à un d'eux (6), la preuve jointe à la proposition générale (7) et de même les preuves énoncées après chacune de ses parties (8), l'expression de la confiance (9), une seconde sorte d'hésitation (10), un terme inattendu, la distinction de parties d'une énumération (11), une autre espèce de cor-

(1) Ces termes peu clairs et peu précis désignent l'union des deux figures précédentes.

(2) Exemple : *Africano virtutem industria, virtus gloriam, gloria aemulos comparavit.*

(3) Exemple : il faut manger pour vivre, et non pas vivre pour manger.

(4) L'hyperbate.

(5) En réalité, une figure de pensée, comme plusieurs de celles qu'on rencontre ici. On serait bien tenté de corriger le passage, s'il ne se trouvait déjà tel quel dans Quintilien.

(6) Le zeugma. Mais Causeret comprend : « corrélation entre les points mis en avant et chacun des mots qui les rappellent ». D'autres interprètent : « l'énumération de parties qui reprend tout en détail », etc.

(7) Quintilien se demande ce qu'est cette figure.

(8) Quintilien doute que ce soit une figure.

(9) A l'auditoire ou au juge.

(10) Sur le mot à employer. Cf. § 203.

(11) Au moyen de termes comme : « d'abord, ensuite, etc... »

tum a primo repetitio, tum in extremum conuersio et in eadem uerba impetus et concursio ; et adiunctio ; et progressio ; et eiusdem uerbi crebrius positi quaedam distinctio ; et reuocatio uerbi ; et illa quae similiter desinunt aut quae cadunt similiter aut quae paribus paria referuntur aut quae sunt inter se similia. **207** Est etiam gradatio quaedam ; et conuersio ; et uerborum concinna tragressio ; et contrarium ; et dissolutum ; et declinatio ; et reprensio ; et exclamatio ; et imm*inu*tio ; et quod in multis casibus ponitur ; et quod de singulis rebus propositis d*i*ctum refertur ad singula ; et ad propositum subiecta ratio ; et item in distributis supposita ratio ; et permissio ; et rursum alia dubitatio ; et improuisum quiddam ; et dinumeratio ; et alia correctio ; et dissipatio ; et continuatum ; et interruptum ; et imago ; et sibi ipsi responsio ; et immutatio ; et diiunctio ; et ordo ; et relatio ; et digressio ; et circumscriptio. **208** Haec enim sunt feré atque horum similia [uel plura etiam esse possunt] quae sententiis orationem uerborumque conformationibus illuminent.

LV. Quae quidem te, Crasse, uideo, inquit Cotta,

206 progressio *VOP* : processio *AEH* || positi *AEH* : — ta *VOP* || distinctio *VOP* : districtio *AEH* || referuntur *LVOP* QVINT. : def — *AEH*.

207 *habet* QVINT. 9, 1, 34-35 || et imminutio QVINT. : et immutatio *VOP om. AEH* || dictum *ego* : duc — *codd.* QVINT. || subiecta *AEH* QVINT. : delecta *LVOP* || correctio *cet.* QVINT. : correptio *E* || dissipatio *AH* QVINT. : disputatio *cet.* || et continuatum *AEH* QVINT. : et quod c. *VOP* || ipsi *AEH* QVINT. : ipsa *VOP* || relatio QVINT. : et latio *AEH* translatio *VOP* || circumscriptio *O*²*AEH* QVINT. : scriptio *cet.*

208 Haec — illuminent *habet* QVINT. 9, 1, 36 || Haec *cet.* : hae *LV* || atque *AEH* QVINT. : atque et *VOP* || uerborumque *VOP* QVINT. : que *AEH*.

rection (1), l'opposition au moyen de particules, l'accumulation de courtes phrases, la réticence, les mots qui font image, la réponse qu'on se fait à soi même, la métonymie, la disjonction (2), la place des mots (2), l'hypallage, le changement de tour (3), la périphrase.

208 « Tels sont à peu près les moyens — ceux-là ou d'analogues ou d'autres qu'on peut imaginer encore —, qui jettent de l'éclat sur le style par les pensées ou par le tour donné aux mots.

— LV. Toute cette question, Crassus, tu la supposes comme de nous, je le vois bien, dit Cotta ; voilà pourquoi tu l'as développée sans définitions et sans exemples.

— Oui, vraiment, dit Crassus ; même les sujets que j'ai traités les premiers, je ne les croyais pas nouveaux pour vous ; aussi bien n'ai-je fait que me conformer à votre désir à tous. **209** Sur les points abordés en dernier lieu, c'est le soleil qui m'a conseillé d'abréger, lui qui, se précipitant là-bas vers son coucher, m'a forcé, moi aussi, de précipiter mon exposé, et de feuilleter, pour ainsi dire, tous ces points. Mais toucher la question est banal, de même que la connaissance théorique en est facilement accessible ; par contre, l'application pratique est chose très importante, et dans tout cet art de parler dont nous nous occupons, très difficile.

Appropriation du style au sujet (210-212)

210 « Donc ayant, sinon épuisé, du moins indiqué toutes les sources qui fournissent des ornements au style, parlons maintenant de l'appropriation du style, c'est-à-dire des convenances essentielles en cette matière. Il est d'ailleurs bien évident que

(1) Portant uniquement sur le mot, cf. § 203.

(2) Séparer par plusieurs mots l'adjectif et son épithète, par exemple.

(3) Selon Quintilien n'est pas une figure.

quod nota esse nobis putes, sine definitionibus et sine exemplis effudisse.

Ego uero, inquit Crassus, ne illa quidem, quae supra dixi, noua uobis esse arbitrabar, sed uoluntati uestrum omnium parui. **209** His autem de rebus sol me ille admonuit ut breuior essem, qui ipse iam praecipitans me quoque haec praecipitem paene euoluere coegit. Sed tamen huius generis demonstratio est et doctrina ipsa uulgaris ; usus autem grauissimus et in hoc toto dicendi studio difficillimus.

210 Quam ob rem quoniam de ornatu omni orationis sunt omnes, si non patefacti, at certe commonstrati loci, nunc quid aptum sit, hoc est quid maxime deceat in oratione, uideamus. Quamquam id quidem perspicuum est, non omni causae nec auditori neque personae neque tempori congruere orationis unum genus. **211** Nam et causae capitis alium quendam [uerborum] sonum requirunt, alium rerum priuatarum atque paruarum ; et aliud dicendi genus deliberationes, aliud laudationes, aliud iudicia, aliud sermo, aliud con*ten*tio, aliud obiurgatio, aliud disputatio, aliud historia desiderat. Refert etiam qui audiant,

208 quod *AEH :* quem *VOP* || uestrum *cet. :* nostrum *AEHP*[1].
210 omni *cet. :* omnis *O* || sunt omnes si non *AEH :* si non sunt o. *VOP* || at certe *LV*[2]*O*[2]*AEH om. cet.* || est quid maxime deceat *AEH :* hoc est quod m. d. *O* est m. d. *LVP* || non omni — genus *habet* QVINT. 11, 1, 4 || unum genus QVINT. *AEH :* nam magnum genus *VOP*.
211 capitis *AEH :* capaces *VOP* || uerborum *secl. Schuetz* || aliud sermo *VOP :* atque sermones *AEH* || contentio *ego :* consolatio *codd.* || disputatio *VOP :* dissipatio *AEH* || historia *AEA :* — riae *VOP* || desiderat *AEH :* — rant *VOP*.

le même style ne sied pas à toutes les causes, à tous les auditeurs, à tous les orateurs, à toutes les circonstances. **211** Un procès où il y va de la vie demande vraiment un autre ton qu'une cause civile de peu de conséquence, et les discours politiques, les panégyriques, les plaidoyers ne veulent pas le même style, non plus que les passages familiers ou soutenus, l'invective, l'exposé théorique, l'anecdote. Autres considérations importantes : les auditeurs, que sont-ils, le sénat, le peuple, des juges, une foule nombreuse, un petit groupe, une seule personne, et qui sont-ils ? Les orateurs mêmes doivent prendre en considération leur âge, leur rang, leur prestige personnel. Pour les circonstances, est-on en paix ou en guerre ? La décision est-elle urgente ou peut-elle attendre ? **212** Aussi la seule règle, je crois, à donner ici est de choisir, parmi les genres d'éloquence, l'un plus ample, l'autre plus simple, le troisième tempéré, celui qui convient le mieux au sujet. Les mêmes ornements du style à peu près pourront d'ailleurs être employés partout, là avec plus de hardiesse, ici avec plus de réserve. D'une façon générale, pouvoir parler comme il convient est affaire de connaissances théoriques et de dispositions naturelles, savoir ce qui convient dans chaque cas affaire de sagacité pratique.

L'action (213-227)

LVI. **213** « Mais toutes ces qualités n'existent que dans la mesure où l'action les fait valoir. C'est l'action, oui, l'action, qui, dans l'art oratoire, joue le rôle vraiment prépondérant. Sans elle le plus grand orateur peut ne pas compter ; un orateur médiocre, qui possède ce don, peut souvent l'emporter sur les plus grands. C'est à elle, dit-on, que Démosthène donnait la première place, lorsqu'on lui demandait ce qui était le plus important dans l'éloquence, à elle la deuxième, à elle la troisième. La même idée a été, me semble-t-il,

senatus an populus an iudices, frequentes an pauci an singuli, et quales ; ipsique oratores qui sint aetate, honore, auctoritate debent uideri ; tempus pacis an belli, festinationis an oti. **212** Itaque hoc loco nihil sane est quod praecipi posse uideatur, nisi ut figuram orationis plenioris et tenuioris et item illius mediocris ad id, quod agemus, accommodatam deligamus. Ornamentis isdem uti fere licebit, alias contentius, alias summissius ; omnique in re posse quod deceat facere artis et naturae est, scire quid quandoque deceat prudentiae.

LVI. **213** Sed haec omnia perinde sunt ut aguntur. Actio, inquam, in dicendo una dominatur. Sine hac summus orator esse in numero nullo potest, mediocris hac instructus summos saepe superare. Huic primas dedisse Demosthenes dicitur, cum rogaretur quid in dicendo esset primum, huic secundas, huic tertias. Quo mihi melius etiam illud ab Aeschine dictum uideri solet ; qui cum propter ignominiam iudici cessisset Athenis et se Rhodum contulisset, rogatus a Rhodiis legisse fertur orationem illam egregiam, quam in Ctesiphontem contra Demosthenem dixerat ; qua per-

211 an iudices *VOP*[2] *:* at iud. *AH* aut iud. *E* || ipsique *AEH :* ipsi qui *VOP* || qua sint *VOP :* qui s. *AEH* || an belli *VOP :* ac b. *AEH*.

212 nisi ut *VOP :* ne tu *AEH* || orationes *VOPE*[1] *:* oratoris *cet.* || plenioris et *LVP :* p. aut *O* et *AEH* || item *VOP :* idem *AEH* || agemus *AEH :* agimus *VOP* || accommodatam *LVP :* — tum *cet.* || deceat *AEH :* id d. *VOP*.

213 haec *AEH :* haec ipsa *VOP* || sunt *AEH :* erunt *VOP* || aguntur *VOP :* agantur *AEH* || Huic primas — tertias *cf.* IVLIVS VICTOR *H* 440, 32 *sqq.* || cessisset *VOP :* isset *AEH*[1] abisset *H*[2] *marg.* || Ctesiphontem *VOP :* — te *AEH*.

mieux exprimée encore par Eschine. La flétrissure qu'entraînait son procès (1) l'ayant forcé à quitter Athènes, il s'était établi à Rhodes. Sur la demande des Rhodiens, il leur lut, à ce qu'on rapporte, le beau discours qu'il avait prononcé contre Ctésiphon et qui visait Démosthène. Sa lecture achevée, on le pria, le lendemain, de lire également la réponse de Démosthène défendant Ctésiphon. Il la lut avec tout le charme et toute la force de la voix, et comme l'auditoire entier se récriait d'admiration : « Combien votre admiration serait plus vive, dit-il, si vous l'aviez entendu lui-même » ? Il indiquait assez par là toute l'importance qu'il attachait à l'action, puisqu'il pensait que le même discours, débité par un autre orateur (2), pouvait sembler différent.

214 Chez ⟨ C. ⟩ Gracchus, que tu as connu mieux que moi, Catulus, qu'y avait-il de remarquable dans ce passage si vanté lorsque j'étais enfant : « Malheureux ! où aller ? où me réfugier ? Au Capitole ? Mais le sang de mon frère l'inonde. Chez moi ? Pour y voir une malheureuse mère plongée dans les larmes et le deuil ». Ces paroles, assurent tous les témoignages, il les prononçait avec une telle expression des yeux, de la voix, du geste, que ses adversaires mêmes ne pouvaient retenir leurs larmes.

Le ton (214-219)

« Si j'insiste, c'est que les orateurs, qui traduisent directement des sentiments variés, ont abandonné toute cette partie de l'art, dont se sont emparés les comédiens, qui imitent, eux, ces sentiments. LVII. **215** Sans doute la vérité toujours l'emporte sur l'imitation ; toutefois si, à elle seule, elle suffisait

(1) Dans le procès de la couronne. A Athènes, un accusateur qui, dans un procès intenté par lui, n'avait pas obtenu un certain nombre de voix, était frappé de la perte de ses droits civils (*atimie*).

(2) Je n'ai pu rendre le rapprochement *actio* — *actor*.

lecta petitum [ab eo] est postridie ut legeret illam etiam, quae erat contra ab Demosthene pro Ctesiphonte edita ; quam cum suauissima et maxima uoce legisset, admirantibus omnibus : « Quanto, inquit, magis miraremini, si audissetis ipsum ! » Ex quo satis significauit quantum esset in actione, qui orationem eandem aliam fore putarit actore mutato.

214 Quid fuit in Graccho, quem tu melius, Catule, meministi, quod me puero tanto opere ferretur ? « Quo me miser conferam ? quo uertam ? In Capitoliumne ? At fratris sanguine redundat. An domum ? Matremne ut miseram lamentantem uideam et abiectam ? » Quae sic ab illo esse acta constabat oculis, uoce, gestu, inimici ut lacrimas tenere non possent. Haec ideo dico pluribus, quod genus hoc totum oratores, qui sunt ueritatis ipsius actores, reliquerunt, imitatores autem ueritatis histriones occupauerunt. LVII. **215** Ac sine dubio in omni re uincit imitationem ueritas ; sed ea si satis in actione efficeret ipsa per sese, arte profecto non egeremus. Verum quia animi permotio, quae maxime aut declaranda aut imitanda est actione, perturbata saepe ita est ut obscuretur ac paene obruatur, discutienda sunt ea, quae obscurant,

213 est postridie *Friedrich :* ab eo est p. *VOP* est p. ab eo *AH* est ab eo p. *E* ‖ fore putarit *AEH :* esse putaret *VOP*.

214 Quid fuit — ferretur *habet* NON. p. 524 *M.* ‖ melius Catule *AEH* NON. : C. m. *VOP* ‖ Quo me — an domum *cf.* QVINT. 11, 3, 115 ‖ sanguinem redundat *LVO* : sanguinem P^1 sanguine P^2 sanguine madet *AH* s. mandet *E* ‖ An domum *VOP* QVINT. : domum *AEH* ‖ lamentantem *AEH* : lamentantemque *VOP* ‖ esse acta *AEH :* acta esse *VOP* ‖ ideo *AE :* eo *cel.* ‖ oratores *VOP:* oratoris AH^1 orationis EH^2 *om. L.*

dans l'action, l'art deviendrait absolument inutile. Mais comme les passions de l'âme, que l'action doit avant tout mettre en lumière ou imiter, sont souvent si confuses, qu'elles sont reléguées dans l'ombre et presque enfouies dans l'oubli, il faut les faire sortir de l'ombre et s'attacher aux traits saillants qui les mettent en relief.

216 En effet, à tout mouvement de l'âme correspond en quelque sorte naturellement son expression de physionomie, son accent et son geste propres, et tout le corps de l'homme, toute sa physionomie, tous ses accents vibrent, comme les cordes d'une lyre, selon le mouvement de l'âme qui les met en branle. Oui, la voix est comme une corde tendue, rendant, sous la main qui la touche, des sons aigus, graves, rapides, lents, forts, faibles, sans compter, dans chaque genre, entre ces extrêmes, toutes les nuances intermédiaires. La preuve en est que, de ces intonations, en découlent beaucoup d'autres, douces, rudes, précipitées, espacées, tenues ou piquées, entrecoupées, saccadées, enflées ou affaiblies par la modification du volume du son (1). **217** Il n'est aucune de ces inflexions dont la voix ne soit réglée par l'art : ce sont, pour l'orateur, comme les couleurs (2) dont le peintre dispose pour rendre les nuances.

LVIII. « La colère doit avoir son ton propre, aigu, rapide, très coupé.

Mon frère même m'invite à dévorer, dans mon désespoir, mes enfants.

« De même ce passage, que tu as déjà cité, Antoine (3) :

Ayant osé séparer de toi...

(1) Le crescendo et le decrescendo.

(2) Crassus veut dire que, de même que le peintre, avec quelques couleurs fondamentales, peut obtenir les nuances les plus diverses, de même l'orateur, en combinant, les diverses qualités de la voix (hauteur, intensité, rapidité, etc.), peut rendre tous les sentiments (Pichon).

(3) Livre II, § 193. Voir la note de M. Courbaud (t. II, p. 84).

et ea, quae sunt eminentia et prompta, sumenda.

216 Omnis enim motus animi suum quendam a natura habet uoltum et sonum et gestum, corpusque totum hominis et eius omnis uultus omnesque uoces, ut nerui in fidibus, ita sonant, ut motu animi cuique sunt pulsae. Nam uoces ut chordae sunt intentae, quae ad quemque tactum respondeant, acuta, grauis, cita, tarda, magna, parua ; quas tamen inter omnis est suo quaeque in genere mediocris. Atque etiam illa sunt ab his delapsa plura genera, le*n*e, asperum, contractum, diffusum, continenti spiritu, intermisso, fractum, scissum, flexo sono extenuatum, inflatum. **217** Nullum est enim horum generum quod non arte ac moderatione tractetur. Hi sunt actori, ut pictori, expositi ad uariandum colores.

LVIII. Aliud enim uocis genus iracundia sibi sumat, acutum, incitatum, crebro incidens :

Ips*us* hortatur me frater ut meos malis miser
Manderem natos....

et ea, quae tu dudum, Antoni, protulisti :

Segregare abs te ausus......

215 eminentia *AEH* : imm — *LVOP*.

216 a natura *VOP* : natura *AEH* || et sonum *VOP* : sonum *AEH* || corpusque totum *AEH* : totumque c. *VOP* || et eius omnis uultus *VOP* : uultus *AEH* || a motu *VOP* : motu *AEH* || cumque *E* : quomque *AH* quoque *VOP* || tactum *cet.* : tractum *O* || lene *vulg.* : leue *codd.* || spiritu *cet.* : — tui *AEH*[1] || intermisso *cet.* : — ssio *AE* || extenuatum *AEH* : att — *VOP*.

217 horum *AEH* : horum similium *VOP* || uocis *AEHV*[1]*O*[2] : uobis *LVOP* || sumat *O*[2]*AEH om. cet.* || acutum *VOP* : actum *AEH* || ipsus — natos *habet.* TVLLIVS *Tusc. D.* 4, 36, 77 ; *cf. Ribb. trag.*[3] ACCII *Atreus* XV || ipsus *Lagomarsinianus* 69 *s.* XV : ipsius *AEH* ipse *VOP* || manderem *cet.* : mandem *O* || segregare ausus *cf. Ribbeck trag.*[3] PACVVII *Teucer* XII.

« Et :

Est-il quelqu'un pour punir cette action ? Qu'on le mette aux fers !

et presque toute la tragédie d'*Atrée* (1).

« Pour éveiller la pitié et la tristesse, il faut un autre ton, souple, large, coupé par des sanglots :

Où me tourner maintenant ? De quel côté diriger mes pas ? Vers la maison paternelle ou vers les filles de Pélias (2) ?

« De même (3) :

O mon père, o ma patrie, o demeure de Priam !

et ce qui suit :

J'ai vu toutes ces richesses livrées aux flammes, j'ai vu la violence enlever la vie à Priam.

218 « La crainte s'exprime d'une voix basse, hésitante, abattue (4) :

Je suis assailli par mille calamités, maladie, exil, pauvreté ; puis l'épouvante m'enlève tout courage et chasse de mon cœur tout sang-froid. Ma mère (5) me menace de tortures terribles durant ma vie (6) et d'une mort cruelle. A cette pensée, est-il homme si ferme de caractère et si audacieux, que la peur, ramenant le sang vers le cœur, ne fasse pâlir d'effroi ?

219 « Le ton de la violence est élevé, véhément, menaçant en quelque sorte par le débit énergique et rapide.

(1) Tragédie d'Accius.

(2) Passage célèbre de la *Médée* d'Accius.

(3) Passage de l'*Andromache Aichmalotis* d'Ennius, souvent cité par Cicéron (v. ici § 102).

(4) Ces vers, dont le second a déjà été cité plus haut (§ 154) sont tirés de l'*Alcméon* d'Ennius, comme nous l'apprend Cicéron lui-même.

(5) Ériphyle, qu'il tua.

(6) Il fut poursuivi par les Erynnyes.

et :

Ecquis hoc animaduertet ? uincite...

et Atreus fere totus.

Aliud miseratio ac maeror, flexibile, plenum, interruptum, flebili uoce :

Quo nunc me uortam ? quod iter incipiam ingredi ?
Domum paternamne ? anne ad Peliae filias ?

et illaec :

O pater, o patria, o Priami domus !

et quae se*q*uuntur :

Haec omnia uid*e*i inflammar*e*i,
Priamo ui uitam euitar*e*i.

218 Aliud metus, demissum et haesitans et abiectum :

Multis sum modis circumuentus, morbo, exilio atque inopia.
Tum pauor sapientiam omnem mi exanimato expectorat ;
***Ma*ter terribilem minatur uitae cruciatum et necem,**
Quae nemo est tam firmo ingenio et tanta confidentia
Quin refugiat timido sanguen atque exalbescat metu.

217 ecquis — uincite *habet* TVLLIVS *Tusc., D.* 4, 25, 55 ; *cf. Ribb. trag.*[3] ACCII *Atreus* XVIII ‖ animaduertet *AEH :* animum aduertit *VOP* ‖ uincite *AEH :* uincit te P^1 uincit VOP^2 ‖ maeror *VOP :* memor *AEH* ‖ plenum interruptum *om. H* ‖ flebili *VOP :* flexibili *AE om. H* ‖ quo nunc — filias *cf. Ribbeck trag.*[3] ENNII *Medea* X ‖ paternamne *AEH :* paternam *VOP* ‖ ad Peliae *VOP :* appellare *AEH* ‖ illaec *ego* : illae *LV* illa *cet.* ‖ o pater — domus *et* haec — euitarei *cf. Ribbeck trag.*[3] ENNII *Andromacha Aechmalotis* IX ‖ uidei *Stangl :* uidet *AEH* uidi *VOP* ‖ inflammarei *Stangl :* — ri *codd.* ‖ ui uitam *VOP :* uitam *AEH* ‖ euitarei *Stangl :* euitaret *AEH* uitari *VOP.*

218 Multis — metu, *cf. Ribbeck trag.*[3] ENNII *Alcumeo* II ‖ sum modis *AEH* : modis sum *VOP* ‖ mi *P :* mihi *VO om. AEH* ‖ Mater *Ribbeck :* alter *VOP om. AEH* ‖ minatur *AEH :* minitatur *VOP* ‖ sanguen *AEH :* sanguine *VOP.*

Pour la seconde fois Thyeste s'approche d'Atrée. Pour la seconde fois il m'attaque et réveille mon courroux endormi. Plus que jamais il me faut préparer une masse plus massive, un mal plus malin, pour broyer et briser la haine de ce cœur (1).

« La joie a un accent sans contrainte, doux, tendre, serein et calme :

Mais, après avoir posé sur sa tête la couronne qui unit les époux, elle te la portait, et, après avoir feint que le flambeau était allumé pour elle, alors, par jeu, elle te la donna par un détour adroit.

« L'abattement s'exprime sans pathétique, d'une voix profondément grave, voilée par un accent et un ton uniformes (2) :

Au temps où Pâris épousa Hélène par un mariage qui n'en était pas un, j'étais enceinte, les mois qui précèdent la naissance presque révolus. Vers le même temps naît d'Hécube le dernier de ses enfants, Polydore.

Le geste (220)

LIX. 220 « Tous ces mouvements de l'âme (3) doivent être accompagnés de gestes, non de ce geste qui traduit toutes les paroles, comme au théâtre, mais de celui qui éclaire l'ensemble de l'idée et de la pensée en les faisant comprendre plutôt qu'en cherchant à les exprimer (4) ; les attitudes (5) seront énergiques et mâles, empruntées non pas à la scène et aux acteurs, mais à l'escrime ou même à la palestre. La main sera moins expressive (6) ; les doigts accompagneront les mots sans les traduire ; le bras sera projeté assez en avant,

(1) Passage de l'*Atrée* d'Accius ; on le trouve cité, tout entier ou par fragments, dans d'autres ouvrages de Cicéron.

(2) Ribbeck range ces vers tragiques dans des fragments dont il ne peut indiquer ni l'auteur, ni la pièce. Certains critiques les croient empruntés à l'*Ilion* de Pacuvius.

(3) Crassus vient d'énumérer les principales passions en les opposant deux à deux : colère et plainte, crainte et violence, joie et abattement.

(4) Comme dans le mime ou la pantomime.

(5) Proprement la manière de pencher et de plier le corps.

(6) Qu'au théâtre.

219 Aliud uis, contentum, uehemens, imminens quadam incitatione grauitatis :

Iterum Thyestes Atreum adtractatum aduenit,
Iterum iam adgreditur me et quietum exsuscitat.
Maior mihi moles, maius miscendum est malum,
Qui illius acerbum cor contundam et comprimam.

Aliud uoluptas, effusum, lene, tenerum, hilaratum ac remissum :

Sed sibi cum tetulit coronam ob co*l*igandas nuptias,
Tibi ferebat ; cum simulabat se sibi *iam* faci*s* dare,
*T*um ad te ludibunda docte et delicate detulit.

Aliud molestia, sine commiseratione graue quoddam et uno pressu ac sono obductum :

Qua tempestate Helenam Paris innuptis iunxit nuptiis,
Ego tum grauida expletis iam f*ere* ad pariendum mensibus ;
Per idem tempus Polydorum Hecuba partu postremo parit.

LIX. **220** Omnis autem hos motus subsequi debet gestus, non hic uerba exprimens scaenicus, sed uniuersam rem et sententiam non demonstratione sed signi-

219 imminens *VOP* : sin mines *AEH* || grauitatis *VOP* : grauis *AEH* || Iterum — comprimam, *cf. Ribbeck trag.*[3] ACCII *Atreus* III || adtractatum *AEH* : attractum *VOP* || Qui *AEH* : quin *VOP* || acerbum cor *VOP* : acerbum *AEH* || Sed sibi — detulit *cf. Ribb. com.*[3] *inc. inc.* XXIV || lene, tenerum *vulg.* : lene *VOP* et tenerum *AEH* || sibi *AEH* : mihi *VOP* || coligandas *Ribbeck* : collig — *E* colicandas *AH* collocandas *VOP* || se sibi iam facis dare *Ribbeck* : se sibi aiacidare *AEH* sese ad allaci *L* (allaci *V* ad allaci *O*[1] adulacri *O*[2] alacri *P*) || Tum *vulg.* : cum *codd.* || ad te *cet.* : a te *AE* || Qua tempestate — parit *cf. Ribbeck trag.*[3] *inc. inc.* XLII || Qua *cet.* : quam *AE* || Helenam Paris *Lachmann* : P. H. *codd.* || innuptis *VOP* : — tiis *AEH* || nuptiis *vulg.* : nuptias *AEH* nuptis *VOP* || fere *Bothe* : fui *codd.*

comme une sorte de trait lancé par l'orateur ; le pied frappera le sol dans les endroits pathétiques, quand ils commencent ou finissent.

La physionomie (221-223)

221 « Mais tout dépend de la physionomie et dans cette physionomie même ce sont les yeux qui jouent le rôle prépondérant ; aussi les vieillards avaient-ils d'autant plus raison (1), lorsqu'autrefois ils se refusaient à louer beaucoup un acteur sous le masque, même Roscius (2). C'est l'âme, en effet, qui anime toute l'action, et le miroir de l'âme c'est la physionomie, comme son truchement ce sont les yeux, car c'est la seule partie du corps qui, à toutes les passions, puisse faire correspondre autant d'expressions différentes, et il est certain que personne, les yeux fermés, ne peut produire le même effet. Suivant Théophraste, un certain Tauriscus dit qu'un orateur a l'habitude de parler le dos tourné, lorsque, en débitant son discours (3), il garde les yeux fixés sur un même objet. Il est donc important de savoir régler son regard. **222** Les traits du visage, en effet, il ne faut pas trop les modifier, car on risquerait de tomber dans le ridicule ou dans la grimace. C'est le regard qui, tendre ou serein, asséné ou souriant, peut traduire tous les mouvements de l'âme dans un juste rapport avec le ton du discours. Car, si l'action est comme le langage du corps, elle doit d'autant plus être en har-

(1) Ou : raison contre nous.

(2) Non pas que Roscius ait eu l'habitude de jouer tantôt masqué, tantôt sans masque, mais parce que Roscius, à cause de la faiblesse de ses yeux, s'efforça de faire accepter par le public romain l'emploi continuel du masque de théâtre. Suivant d'autres, les masques auraient été introduits à Rome dès l'époque de Térence, et Roscius, en reprenant l'usage du masque n'aurait fait que revenir à une ancienne tradition, tombée en désuétude (Emile Thomas).

(3) Ici encore je n'ai pu rendre le rapprochement *actio — actor*.

ficatione declarans, laterum inflexione hac forti ac uirili, non ab scaena et histrionibus, sed ab armis aut etiam a palaestra. Manus autem minus arguta, digitis subsequens uerba, non exprimens ; bracchium procerius proiectum quasi quoddam telum orationis ; supplosio pedis in contentionibus aut incipiendis aut finiendis.

221 Sed in ore sunt omnia. In eo autem ipso dominatus est omnis oculorum ; quo melius nostri illi senes, qui personatum ne Roscium quidem magnopere laudabant. Animi est enim omnis actio et imago animi uultus, indices oculi. Nam haec est una pars corporis, quae, quot animi motus sunt, tot significationes et commutationes possit efficere. Neque uero est quisquam qui eadem con*tu*ens efficiat. Theophrastus quidem Tauriscum quendam dicit actorem auersum solitum esse dicere, qui in agendo contuens aliquid pronuntiaret. Quare oculorum est magna moderatio. **222** Nam oris non est nimium mutanda species, ne aut ad ineptias, aut ad prauitatem aliquam deferamur. Oculi sunt, quorum tum intentione, tum remissione, tum coniectu,

220 declarans *VOP* : demonstrans (*sex. litt. spatium AH*) clarans *AEH* || laterum — a palaestra habet QVINT. 1, 11, 18 || inflexione *codd.* : inclinatione QVINT. || hac forti *LVOP* : haec f. *AEH* forti QVINT. || ac uirili *VOP* : uirili *AEH* || ab scaena *AEH* : scaena *VOP* || a palaestra *cet.* : p. *H* || bracchium — orationis *habet* NONIVS, p. 373 *M.* || in contentionibus — finiendis *habet* QVINT. 11, 3, 128 || finiendis *AEH* QVINT. : in f. *VOP*.

221 Sed in *AEH* : sed si in *VOP* || uultus *AEH* : u. est *VOP* || et commutationes *om. AEH* || uero *VOP* : uerum *AEH* || contuens *ego, cf. infra* : continens *VOP* coniuens *AEH* || actorem *AEH* : auct — *LVOP* || contuens *cet.* : contiens P^1.

222 est magna *VOP* : magna *AEH* || quorum tum *VOP* : quorum *AEH*.

monie avec la pensée (1). Or les yeux nous ont été donnés par la nature, comme au cheval et au lion la crinière, la queue et les oreilles, pour traduire les mouvements de l'âme. **223** Aussi, dans cette action qui est la nôtre (2), après la voix, la physionomie est-elle ce qu'il y a de plus puissant et ce sont les yeux qui la gouvernent.

« J'ajoute que, dans tout ce qui se rapporte à l'action (3), réside une certaine force naturelle ; aussi est-ce encore là ce qui touche surtout les ignorants et jusqu'aux barbares. Les paroles agissent uniquement sur ceux qu'unit la communauté de langue ; souvent des pensées fines passent par dessus la tête de gens qui manquent de finesse ; l'action, elle, qui traduit au dehors les émotions de l'âme, émeut tout le monde, car ce sont les mêmes émotions de l'âme qu'éprouvent tous les hommes ; ils les reconnaissent chez les autres aux mêmes signes qui leur servent aussi à les manifester.

La voix (224-227)

LX. **224** « Pour l'heureux emploi de l'action oratoire, le rôle le plus important est, sans aucun doute, dévolu à la voix. Il faut souhaiter de l'avoir belle, mais, quelle qu'elle soit, la conserver. Quels sont à cet égard les soins à prendre ? Cette question est actuellement (4) en dehors des préceptes que nous donnons ; mais je pense nettement qu'il faut en prendre beaucoup de soins. Une observation qui, je crois, entre dans le sujet de notre conversation actuelle et que j'ai déjà faite il y a un instant (5),

(1) On notera que Crassus ne sépare jamais la forme du fond, ni l'art de la nature.

(2) L'action oratoire.

(3) Crassus prend ici l'action en général, et non plus les différentes parties qu'il a étudiées (son de voix, mouvements du corps, expression des yeux, etc.) (Pichon).

(4) Il en a été parlé au livre I, § 251.

(5) § 178.

tum hilaritate motus animorum significemus apte cum genere ipso orationis. Est enim actio quasi sermo corporis, quo magis menti congruens esse debet. Oculos autem natura nobis, ut equo aut leoni saetas, caudam, auris, ad motus animorum declarandos dedit.

223 Quare in hac nostra actione secundum uocem uultus ualet ; is autem oculis gubernatur.

Atque in eis omnibus, quae sunt actionis, inest quaedam uis a natura data. Quare etiam hac inperiti, [hac uulgus], hac denique barbari maxime commouentur. Verba enim neminem mouent nisi eum, qui eiusdem linguae societate coniunctus est, sententiaeque saepe acutae non acutorum hominum sensus praeteruolant ; actio, quae prae se motum animi fert, omnis mouet ; isdem enim omnium animi motibus concitantur et eos isdem notis et in aliis agnoscunt et in se ipsi indicant.

LX. **224** Ad actionis autem usum atque laudem maximam sine dubio partem uox obtinet ; quae primum est optanda nobis, deinde, quaecumque erit, ea tuenda. De quo illud iam nihil ad hoc *pra*ecipiendi genus quem ad modum uoci seruiatur ; equidem tamen magnopere censeo seruiendum ; sed illud uidetur ab huius nostri sermonis officio non abhorrere, quod, ut

222 Oculos *VOP* : oculis *AEH* || equo aut *AEH* : equo et *VOP*.

223 actionis *VOP* : — nes *AEH* || hac uulgus *om. AEH* || eiusdem *VOP* : eius *AEH* || acutorum *AEH* : oculorum *VOP* || prae se *AEH* : per se *LVOP* || omnis — animi *om. AEH* || notis *VOP* : motis *AEH* || se *cet.* : semet *E*.

224 deinde *AEH* : deindeque *VOP* || praecipiendi *vulg.* : rec — *AEH* — dum *VOP* || equidem tamen *AEH* : equidem *LVOP*.

c'est que, dans un très grand nombre de cas, ce qui est le plus utile est aussi, je ne sais par quelle raison, ce qui convient le mieux. En effet, pour conserver sa voix, rien n'est plus utile que d'en changer souvent les inflexions, rien n'étant plus mauvais que de la forcer par trop et sans relâche. **225** Or, pour plaire à l'oreille et donner de l'agrément à l'action, est-il rien de plus propre que l'alternance des tons, leur diversité ou leur opposition ? Témoin encore (1) Gracchus (2). Licinius, ton client, homme cultivé, qui, étant son esclave, lui servait de secrétaire, a pu te dire que Gracchus avait généralement avec lui un homme muni d'une flûte d'ivoire (3) ; lorsqu'il parlait en public, il le faisait placer derrière lui, et ce musicien habile lui donnait rapidement la note destinée à le réveiller, s'il laissait tomber sa voix, ou à la retenir, s'il la forçait.

— Oui, j'ai entendu citer le fait, dit Catulus, et j'ai souvent admiré le travail minutieux de ce grand homme, non moins que sa culture générale et ses connaissances théoriques.

— **226** Moi aussi, dit Crassus, et je regrette vivement (4) que de tels hommes se soient laissé aller à une coupable politique ; pourtant l'on ourdit une trame si criminelle, l'on instaure des mœurs politiques d'exemple si pernicieux pour la postérité, que nous voudrions bien maintenant avoir des citoyens semblables à ceux que nos ancêtres ne purent souffrir.

(1) Voir § 214. Peut-être aussi le *et* latin annonçait-il, pour être contée après cette première anecdote, une deuxième, que l'interruption de Catulus aura fait oublier.

(2) C. Gracchus.

(3) La même anecdote se trouve rapportée par d'autres écrivains latins.

(4) Une de ces petites digressions, par lesquelles Cicéron s'efforce de rendre le mouvement des conversations réelles. D'ailleurs le jugement de Crassus est assurément celui de Cicéron lui-même.

dixi paulo ante, plurimis in rebus quod maxime est utile, id nescio quo pacto etiam decet maxime. Nam ad uocem obtinendam nihil est utilius quam crebra mutatio, nihil perniciosius quam effusa sine intermissione contentio. **225** Quid ? ad auris nostras et actionis suauitatem quid est uicissitudine et uarietate et commutatione aptius ? Itaque et idem Gracchus — quod potes audire, Catule, ex Licinio cliente tuo, litterato homine, quem seruum sibi ille habuit ad manum — cum eburneola solitus est habere fistula, qui staret occulte post ipsum, cum contionaretur, peritum hominem, qui inflaret celeriter eum sonum, qui illum aut remissum excitaret aut a contentione reuocaret.

Audiui mehercule, inquit Catulus, et saepe sum admiratus hominis cum diligentiam tum etiam doctrinam et scientiam.

226 Ego uero, inquit Crassus, ac doleo quidem illos uiros in eam fraudem in re publica esse delapsos ; quamquam ea tela texitur, ea in ciuitate ratio uiuendi [ac] posteritat*i* ostenditur, ut eorum ciuium, quos nostri patres non tulerunt, iam similis habere cupiamus.

Mitte, obsecro, inquit, Crasse, Iulius, sermonem

224 plurimis *VOP* : ciuirimeis *AEH* ‖ quod *VOP* : quo *AEH* ‖ uocem *AEH* : in dicendo u. *VOP* ‖ nihil perniciosius — contentio *habet* NON. p. 258 *M*.

225 ad auris *VOP* : auris *AEH* ‖ Itaque — reuocaret *habet* GELL. 1, 11, 16 ‖ idem *VOP* GELL. : et idem *AEH* ‖ ille habuit *codd.* : habuit GELL. ‖ eburneola *codd.* : eburnea GELL. ‖ qui staret *AEH*GELL. : staretque *VOP* ‖ qui illum GELL. : quo illum *codd.*

226 quidem *AEH* : inquit *VOP* ‖ uiros in *AEH* : uiros qui in *LVOP* ‖ quamquam *VOP* : quam ea *H* quam mea *AE* ‖ et ea in *AEH* : et ea incitatur in *VOP* ‖ ac *secl. vulg.* ‖ posteritati *vulg.* : — tis *codd.* posteris *P*[1].

— Laisse ce sujet, Crassus, je te prie, dit Julius (1), et reviens à la flûte de Gracchus, dont je ne comprends pas encore bien le rôle.

— LXI. 227 Toute voix, dit Crassus, a une sorte de ton moyen, mais variable selon la voix. Partir de là pour monter par degrés aux tons les plus élevés produit un effet agréable (car éclater en cris dès le commencement d'un discours est vraiment d'un homme sans éducation) ; de plus, procéder comme je le dis est excellent pour fortifier la voix ; d'autre part il y a en quelque sorte un point extrême que l'on peut atteindre en forçant la voix, mais qui reste en-deçà de la note la plus aiguë à laquelle on arrive en criant. Or la flûte ne vous laissera jamais aller jusque-là, et même, si vous forcez la voix, elle vous ramènera au ton normal. De même, et en sens inverse, dans les notes basses il y a en quelque sorte une limite à la gravité ; on y descend pour ainsi dire par une échelle de sons. Grâce à cette variété et à ce passage par toutes les tonalités, la voix pourra se conserver et donner de l'agrément à l'action. Mais le joueur de flûte, vous le laisserez au logis ; c'est le sentiment instinctif né de la pratique qui descendra avec vous au forum.

Conclusion générale (228-229)

228 « J'ai exposé ce que j'ai pu, non comme je l'aurais voulu, mais comme m'y a obligé la briéveté du temps ; il est habile de s'en prendre au manque de temps (2), alors que, malgré ses efforts, on ne trouve plus rien à dire.

— Mais, dit Catulus, autant que j'en puis juger, tu n'as rien oublié dans ton exposé, si merveilleux qu'au lieu de paraître avoir puisé chez les Grecs, tu sembles en

(1) César craint que la conversation ne tourne à la politique et ne prenne un ton trop sérieux ; se rappeler que son succès restait dû surtout à son enjouement et à son esprit.

(2) C'est l'excuse banale des orateurs médiocres.

istum et te ad Gracchi fistulam refer, quoius ego nondum plane rationem intellego.

LXI **227** In omni uoce, inquit Crassus, est quiddam medium, sed suum cuique uoci. Hinc gradatim ascendere uocem et suaue est (nam a principio clamare agreste quiddam est) et idem illud ad firmandam est uocem salutare. Deinde est quiddam contentionis extremum, quod tamen interius est quam acutissimus clamor, quo te fistula progredi non sinet et *iam* ab ipsa contentione reuocabit. Est item contra quiddam in remissione grauissimum quoque tamquam sonorum gradibus descenditur. Haec uarietas et hic per omnis sonos uocis cursus et se tuebitur et actioni adferet suauitatem. Sed fistulatorem domi relinquetis, sensum huius consuetudinis uobiscum ad forum deferetis.

228 Edidi quae potui, non ut uolui, sed ut me temporis angustiae coegerunt. Scitum est enim causam conferre in tempus, cum adferre plura, si cupias, non queas.

Tu uero, inquit Catulus, collegisti omnia, quantum ego possum iudicare, ita diuinitus ut non a Graecis sumpsisse sed eos ipsos haec docere posse uideare. Me

227 suum *cet.* : suam *LVO*[1]*P*[1] || uocem et *AEH* : u. utile est *VOP* || agreste *om.* *LVO*[1]*P*[1] || ad firmandam *AEH* : ad firmandum *LP* affirmandum *VO* || uocem *cet* : uoce *O* uoci *P*[1] || quod tamen interius *AEH* : quoddam in inferias *VOP* || et iam *Henrichsen* : et tamen *VOP* tamen *AEH* || item *VOP* : idem *AEH* || quoque *VOP* : quod *AEH* || et hic *VOP* : et *AEH* || actioni *VOP* : actio *AEH* || adferet *AEH* : deferet *VOP* || Sed *VOP*: et *AEH* || sensum *AEH* : sensus illius *VOP*.
228 sumpsisse *AEH* : didicisse *VOP*.

état de donner des leçons même à eux. Pour moi je m'estime heureux d'avoir pris part à cet entretien et je voudrais que mon gendre, ton confrère, Hortensius, y eût assisté ; car un jour, j'en ai la conviction, il brillera par toutes les qualités que tu as comprises dans ton exposé.

— **229** Il brillera ? dit Crassus. Mais je pense qu'il brille déjà et je l'ai pensé dès le moment où, sous mon consulat, il a défendu devant le sénat la cause de la province d'Afrique, et surtout lorsqu'il a plaidé récemment en faveur du roi de Bithynie (1). Aussi tu vois juste, Catulus, car je sens qu'il ne manque rien à ce jeune homme comme qualités naturelles ou comme connaissances théoriques. **230** Raison de plus pour toi, Cotta, et pour toi, Sulpicius, de travailler avec un soin vigilant. Car ce n'est pas un orateur ordinaire qui pousse discrètement, si j'ose ainsi parler, et remplacera votre génération ; c'est un homme d'un talent remarquable, d'une ardeur extraordinaire au travail, d'un savoir théorique merveilleux, d'une mémoire exceptionnelle. Mais, quoique je m'intéresse à lui, je désire qu'il se borne à l'emporter sur sa génération ; pour vous, plus âgés de tant d'années (2), il serait peu honorable de vous laisser dépasser par lui.

« Mais, ajouta-t-il, il est temps de nous lever, de nous restaurer, et, après une discussion si serrée, de donner enfin du repos à nos esprits fatigués. »

(1) Nous ne savons rien de ces deux affaires.
(2) En réalité, la différence n'est que de dix ans.

quidem istius sermonis participem factum esse gaudeo ac uellem ut meus gener, sodalis tuus, Hortensius adfuisset; quem quidem ego confido omnibus istis laudibus, quas tu oratione complexus es, excellentem fore.

229 Et Crassus : Fore dicis ? inquit ; ego uero esse iam iudico et tum iudicaui, cum me consule in senatu causam defendit Africae nuperque etiam magis, cum pro Bithyniae rege dixit. Quam ob rem recte uides, Catule. Nihil enim isti adulescenti neque a natura neque a doctrina deesse sentio. **230** Quo magis est tibi, Cotta, et tibi, Sulpici, uigilandum ac laborandum. Non enim ille mediocris orator in uestram quasi succrescit aetatem, sed et ingenio peracri et studio flagranti et doctrina eximia et memoria singulari. Cui quamquam faueo, tamen illum aetati suae praestare cupio, uobis uero illum tanto minorem praecurrere uix honestum est.

Sed iam surgamus, inquit, nosque curemus et aliquando ab hac contentione disputationis animos nostros curamque laxemus.

229 Et Crassus *om. VOP* || Bithyniae *LVP²AEH* : — ia *cet.* || recte *om. VOP* || sentio *om. LVO¹P.*

230 Quo *AEH* : eoque *VOD* || Non *AEH* : tibi *VOP* || in uestram *AEH* : uestrae *VOP* || aetatem *AEH* : — ti *VOP* || uobis uero *VOP* : uerum *AEH.*

NOTES SUPPLÉMENTAIRES

Page 2

(2) Neuf en réalité, étant donné la façon dont comptent les Romains. Crassus meurt le 19 septembre, et ces entretiens ont lieu le 10.

(3) Ils terminaient les Jeux Romains (4 au 12 sept.).

(4) Un des consuls de l'an 91.

(5) Le 13 septembre.

(6) Tribun du peuple, adversaire de Philippe.

Page 19

(1) Fille de Léline le Sage, femme de Scévola l'Ancien.

(2) L. Cotta ; voir § 42.

(3) Il était l'ami intime de Catulus, l'un des interlocuteurs.

(4) Livre II, § 89.

5() Livre II, § 90 et suiv.

Page 23

(1) Je n'ai pu rendre le rapprochement *doctrina-doctor.*

Page 24

(2) Cicéron traduit ici Homère, *Iliade*, IX, 348 et suiv.

(2) Je n'ai pu rendre exactement l'opposition *otinegots.*

Page 25

(1) Cette restriction, parce que le mot latin *cor*, employé avec cette valeur génirale, est archaïque et poétique.

(2) Parce qu'il est le continuateur direct de Socrate.

Page 29

(2) Les rhéteurs latins.

(3) Au livre II, §§ 104-113, et 163-174.

(4) § 56 et suiv.

(5) § 60.

Page 31

(1) Livre II, § 146.

Page 32

(4) Personnage inconnu.

Page 41

(1) Sous-ent. : des dieux.

(2) Sans doute Aesopus.

(3) § 93.

(4) Livre II, §§ 342-349.

INDEX

N. B. — Les renvois sont faits aux livres et paragraphes, les paragraphes d'un même livre séparés par une virgule, les livres seuls par un point et virgule.

I. — Index des mots grecs.

II. — Index des noms propres.

III. — Index des termes de rhétorique.

N. B. — 1° *Quand les mots sont employés tantôt dans leur sens courant, antôt avec une acception technique, ils ne figurent ici que pour les paragraphes où ils ont leur signification spéciale.*

2° *Les chiffres imprimés en caractères gras renvoient à un passage particulièrement important.*

Ce volume,
le soixante-quatrième
de la série latine
de la Collection des Universités de France,
publié aux Éditions Les Belles Lettres,
a été achevé d'imprimer
en juin 2021
par La Manufacture Imprimeur
52202 Langres Cedex, France

N° d'édition : 9955
N° d'impression : 210626
Dépôt légal : juillet 2021